coma sem culpa

Angela Nilsen

coma sem culpa

Versões mais saudáveis de suas receitas favoritas
Todo o sabor – nenhum peso na consciência

Angela Nilsen
Tradução: Fernanda Castro Bulle

Editora Senac São Paulo – São Paulo – 2015

A medida culinária padrão foi usada em todas as receitas:
1 colher de sopa = 15 ml
1 colher de chá = 5 ml

Os fornos devem ser preaquecidos à temperatura especificada na receita –
caso esteja usando um forno de convecção, siga o manual do fabricante para
ajustar tempo e temperatura. As grelhas também devem ser preaquecidas.

Neste livro são encontradas receitas preparadas com frutas oleaginosas e
seus derivados. Pessoas com alergia a esses alimentos e aquelas que são mais
vulneráveis (grávidas, lactantes, deficientes, idosos, bebês e crianças) devem
evitar consumi-los. É também aconselhável checar as etiquetas dos produtos
industrializados, pois podem conter derivados de frutas oleaginosas.
O Ministério da Saúde desaconselha o consumo de ovos crus. Este livro
contém alguns pratos preparados com ovos crus ou ovos pouco cozidos.
É aconselhável que pessoas mais vulneráveis não consumam pratos
preparados com esses alimentos.

O nome de alguns ingredientes mencionados nas receitas foi mantido em
inglês, pois não existem equivalentes no Brasil. Contudo, é possível
encontrá-los em casas importadoras especializadas.

Os Valores Diários de Referência (VDR) utilizados neste livro baseiam-se
nos hábitos alimentares da população britânica, sendo um pouco diferentes
daqueles estabelecidos no Brasil pela Anvisa.

Sumário

Introdução	6
ENTRADAS, SOPAS E SALADAS	12
REFEIÇÕES SAUDÁVEIS E PRAZEROSAS EM FAMÍLIA	38
RECEBER OS CONVIDADOS DE UM JEITO *LIGHT*	84
SOBREMESAS INCRIVELMENTE DELICIOSAS	120
CONFEITARIA SEM CULPA	158
ACOMPANHAMENTOS, LANCHES E PETISCOS	188
Dicas para deixar as receitas mais leves	216
Contagem regressiva das calorias	218
Índice remissivo	220
Agradecimentos	223

Introdução

Gostaria de apresentar este livro a vocês dizendo o mais alto que eu consigo: este não é um livro de regime. É muito fácil equacionar regime com privação, e não é disso que tratam as receitas contidas nestas páginas. Ao contrário, o objetivo é oferecer ideias simples, acessíveis e práticas que o ajudarão a comer de maneira saudável e equilibrada, sem se sentir enganado.

Saudável e boa

A ideia do livro *Coma sem culpa* veio da matéria mensal que fui designada a escrever para a revista *Good Food* da BBC, chamada "Make it Healthier". O *briefing* tinha como objetivo sugerir a transformação das receitas favoritas dos leitores – receitas "nocivas, mas gostosas", como batata gratinada ou bolo com calda de limão, por exemplo – em alternativas "saudáveis e gostosas". Não há surpresas nos títulos das receitas – são todas clássicas, do tipo que você adora comer, mas se sente um pouco culpado ao fazê-lo. Meu desafio foi encontrar maneiras de conservar o sabor e ao mesmo tempo criar uma versão bem mais leve: receitas com menos gordura, açúcar e sal – exatamente os ingredientes que as tornam tão populares.

Nem sempre isso foi fácil, já que eu tinha como princípio não comprometer o sabor e a aparência irresistíveis das receitas, os quais se esperaria encontrar nas versões originais. Além disso, não me interessava usar um número excessivo de substitutos *light* para os ingredientes ricos em gordura, pois para mim eles não oferecem a mesma experiência gustativa. Quando optei por usá-los, dei um jeito de compensar essa redução de gordura aumentando suculência e sabor.

Após ter criado várias dessas receitas para a revista, e com as tendências atuais de se comer de modo mais saudável, pareceu-me oportuno compilar essa coleção em um livro. Com o objetivo de ir mais a fundo no assunto e tornar o livro ainda mais útil – independentemente de você estar em busca de ideias para jantares em família, de maneiras mais leves de receber os convidados ou de uma confeitaria que não lhe cause culpa –, acrescentei inúmeras receitas novas, tais como a panna cotta de café, bolinhos de peixe e bolo de gengibre.

Trabalho desafiador

Tentar chegar a uma versão mais *light* de uma receita, cuja base, que lhe confere sabor, textura e aparência, é feita de gordura, sal ou açúcar, pode ser desencorajador; quase sempre, eu começava o processo me questionando como isso poderia ser feito. Como é possível deixar as bolachas crocantes e amanteigadas mantendo gordura e açúcar a um nível mínimo? Contudo, sempre consegui encontrar uma maneira e todas as vezes me surpreendi com os excelentes resultados quando gordura, açúcar e sal foram reduzidos ou retirados.

Porém, não se trata apenas de reduzir e retirar. Há também a questão de se descobrir qual ingrediente poderá ser substituído ou acrescentado a uma receita para conservá-la atraente. Algumas vezes um ingrediente difícil de se trabalhar pode mudar completamente a receita. Enquanto eu sofria com a receita de um brownie de chocolate, lembrei-me de um bolo que costumava preparar quando morava no Canadá e que no lugar da manteiga levava maionese. Ao adaptar essa ideia, um docinho gorduroso tornou-se aparentemente menos calórico. Uma amiga me contou que sua última versão de homus usava uma cabeça inteira de alho assado e muito pouco do restante dos ingredientes. Então, quando criei a receita de homus para este livro, testei essa sugestão e constatei que ela solucionou o problema do sabor e da cremosidade sem pecar na quantidade de azeite e tahine.

Já com outras receitas, o sucesso está mais atrelado à adaptação da forma como elas são preparadas. Para cada uma, desenvolvi novas maneiras de cozinhar, misturar ou manusear a fim de conservar as características desejadas. Muitas vezes, só de alterar a técnica de cocção, por exemplo, a gordura já é automaticamente reduzida. Em vez de fritar as verduras em muito óleo, apenas pincele-as com uma mínima quantidade dele e asse ou grelhe-as.

Neste livro, você encontrará em cada receita dicas similares a essas – de como cozinhar de modo saudável – que fornecerão todos os tipos de ideias que podem ser usadas repetidas vezes, independentemente do que se esteja cozinhando, e que o ajudarão no preparo de uma prato mais saudável.

O *know-how* da nutrição

Depois de pesquisar as receitas e antes de dar início aos testes, converso com uma nutricionista para descobrir os principais perigos de cada uma e troco ideias sobre opções de ingredientes: o que seria melhor retirar ou reduzir da receita e o que poderia ser incluído no lugar a fim de torná-la mais saudável? Minha torta de carne inglesa foi transformada em uma versão ultrassaudável quando a nutricionista Fiona Hunter sugeriu substituir parte da carne moída por lentilhas. "Você jamais descobriria que elas estão aí" – ela me disse –, e ninguém descobriu mesmo. Para o chowder de peixe, os níveis de sal e gordura foram drasticamente reduzidos quando a nutricionista Kerry Torrens sugeriu usar *prosciutto* (presunto cru) no lugar do lardo (outro tipo de embutido). Ao mesmo tempo, mergulho em minhas próprias habilidades de eliminar a gordura e relembro dicas que colecionei de *chefs* e de outros escritores gastronômicos com os quais trabalhei ao longo dos anos, ou faço uso de técnicas e ideias que eu mesma descobri pelo caminho.

Todas as receitas deste livro foram testadas inúmeras vezes, ajustando-as até se chegar à versão mais *light* definitiva. As coisas podem dar errado durante os testes, mas até um desastre pode fazer surgir maneiras novas e surpreendentes de melhorar ainda mais um prato. As receitas de confeitaria e panificação que vão ao forno podem ser especialmente complicadas, já que são a gordura e o açúcar que as mantêm leves e úmidas. Em minha primeira tentativa com o pão de banana, ele não cresceu e ficou incrivelmente pesado. Eu tinha retirado ingredientes demais. Mas o fato de ter dado errado me ajudou a descobrir como prepará-lo de maneira correta e, na segunda tentativa, o bolo cresceu lindamente.

Doces tentações

Claro que houve momentos em que achei que não haveria meios de determinado prato se tornar saudável, como a torta de limão-siciliano. Mas quanto mais receitas transformo – e quanto mais maneiras encontro de fazer isso –, mais prefiro minhas versões às alternativas mais substanciosas. Meu paladar se acostumou a esperar menos gordura, sal e açúcar. Isso não significa que não desfrute de ocasionais docinhos mais açucarados e ricos em gordura, mas tais opções não são mais o foco da minha dieta.

É importante não introduzir mais calorias em nosso organismo do que aquelas que somos capazes de transformar em energia. Então, para tirar o maior proveito dessas receitas menos calóricas, use-as como parte de uma dieta em andamento, saudável e equilibrada. Isso significa consumir uma gama de alimentos dos principais grupos alimentares – frutas, legumes e verduras (é recomendável uma variedade de, pelo menos, cinco porções diárias), leite e derivados, carne, peixe, ovos e leguminosas, e alimentos ricos em amido, como pão, macarrão, arroz e batatas – e escolher pequenas quantidades daqueles com gordura e açúcar. Diminuir a ingestão de sal também é aconselhável (para adultos, a recomendação é de que não se ultrapasse 6 g por dia). Se você experimentar a comida antes de temperá-la, especialmente quando estiver cozinhando com ingredientes salgados como molhos, anchovas e queijo parmesão, provavelmente terá de adicionar pouquíssimo sal, ou nenhum.

Informações em tabelas

A nutricionista Kerry Torrens foi uma consultora de enorme importância na preparação deste livro. Ela contribuiu nas discussões iniciais de cada receita e também ao longo dos preparos, uma vez que conversamos intensamente sobre quais ingredientes usar a fim de deixar cada receita o mais saudável possível. Ela também foi responsável por criar tabelas, comparando as versões clássicas, por porção, com as mais *light*. Além disso, símbolos de fácil reconhecimento realçam outros aspectos nutricionais. Para mais informações, consulte a página 10.

Seja você o juiz

Embora eu tenha dado bastante peso ao aspecto saudável de cada receita, me importei em não comprometer o sabor em troca, simplesmente, de melhorar ainda mais os atributos saudáveis. Antes de decidir se estou contente com a versão final, eu me pergunto: "Mas está saboroso? Eu faria de novo este prato?". Se a resposta for não, talvez signifique que um pouco mais de sal e de açúcar devam ser reinseridos ou que algum outro elemento precise ser ajustado. Faço isso até que a resposta seja "sim". Mas é quando um dos meus degustadores afirma não ser capaz de distinguir a versão clássica da *light* que sei que estou diante de uma ótima receita. Espero que muitas das receitas deste livro se tornem ótimas para você também.

Angela Nilsen

> Quanto mais receitas transformo – e quanto mais maneiras encontro de fazer isso –, mais prefiro minhas versões às alternativas mais substanciosas.

Símbolos e tabelas

Símbolos de fácil reconhecimento foram criados para realçar os aspectos nutricionais das receitas. Eles informam se elas apresentam baixo teor de gordura, se a quantidade de açúcar foi reduzida, ou se contêm uma ou mais das cinco porções diárias recomendadas de frutas, legumes e verduras, por exemplo.

Para ajudá-lo a visualizar rapidamente como melhorei cada receita, a nutricionista Kerry Torrens criou tabelas que o possibilitarão comparar, em um piscar de olhos, a quantidade de calorias, gorduras, açúcar e sal por porção, na versão clássica da receita e na versão *light*.

BAIXO TEOR
DE GORDURA
3 g de gordura ou
menos por 100 g

Valor Diário de Referência (VDR)

VDR é um guia da quantidade de calorias e nutrientes que devemos consumir como parte de uma dieta equilibrada e saudável. Todos somos diferentes em tamanhos e no nível de atividade que praticamos, portanto, embora esses números sejam apenas um guia, eles nos ajudam a perceber o quanto a comida e até mesmo uma receita estão contribuindo para o nosso consumo diário.

Valor Diário de Referência (VDR)

	Mulher	Homem
Valor energético (kcal)	2.000	2.500
Proteínas (g)	45	55
Carboidratos (g)	230	300
Açúcar (g)	90	120
Gorduras totais (g)	70	95
Gorduras saturadas (g)	20	30
Fibras (g)	24	24
Sal (g)	6	6

FIBRAS
Uma porção
fornece um terço
do valor diário de
referência, ou
pelos menos 6 g de
fibra por 100 g

UM TERÇO
DA GORDURA
DA RECEITA
CLÁSSICA

SÍMBOLOS E TABELAS 11

BAIXO TEOR
DE GORDURA
SATURADA

1,5 g de gordura
saturada ou menos
por 100 g

BAIXO TEOR
DE SAL

0,3 g de sal ou
menos por 100 g

BAIXO TEOR
DE AÇÚCAR

5 g de açúcar ou
menos por 100 g

BAIXO TEOR
CALÓRICO

500 kcal ou menos
por prato principal,
150 kcal ou menos
por entrada ou
sobremesa

UMA DE SUAS
5 PORÇÕES
DIÁRIAS

O número de
porções de frutas
e/ou verduras por
porção

ÁCIDO FÓLICO

Uma porção
fornece pelo
menos 30% do
valor diário de
referência

VITAMINA C

Uma porção
fornece pelo
menos 30% do
valor diário de
referência

ÔMEGA 3

Uma porção
fornece pelo
menos 30% do
valor diário de
referência

CÁLCIO

Uma porção
fornece pelo
menos 30% do
valor diário de
referência

FERRO

Uma porção
fornece pelo
menos 30% do
valor diário de
referência

METADE
DA GORDURA
SATURADA
DA RECEITA
CLÁSSICA

UM QUARTO
DO SAL
DA RECEITA
CLÁSSICA

METADE DAS
CALORIAS DA
RECEITA
CLÁSSICA

UM QUINTO
DO AÇÚCAR
DA RECEITA
CLÁSSICA

ENTRADAS, SOPAS E SALADAS

ENTRADAS, SOPAS E SALADAS

Coquetel de camarão

Este prato voltou à moda e, com algumas atualizações, eu lhe conferi uma roupagem mais leve e moderna. O queijo fresco francês – *fromage frais* – substitui parte da maionese do clássico molho rosé calórico, e temperos como pimenta Tabasco e conhaque substituem parte do ketchup doce. Além disso, trocar a alface-americana por agrião e abacate torna esta receita mais nutritiva.

	Clássica	*Light*
Valor energético	303 kcal	186 kcal
Gorduras totais	24 g	13 g
Gorduras saturadas	4 g	2 g
Sal	1,97 g	1,23 g

Por porção: 186 kcal
Proteínas: 14 g; carboidratos: 4 g; gorduras totais: 13 g; gorduras saturadas: 2 g; fibras: 1 g; açúcar: 3 g; sal: 1,23 g

Rendimento: 4 porções
Preparo: 35 minutos

Para a salada
650 g de camarões com casca, cozidos, que renderão 200 g de camarões sem casca
2 colheres (sopa) de suco de limão-taiti
100 g de pepino
1 colher (sopa) de vinagre de vinho branco
1 colher (sopa) de endro picado
1 abacate pequeno e maduro
50 g de agrião
1 pitada de pimenta-caiena para polvilhar

Para o molho
2 colheres (sopa) de maionese
5 colheres (sopa) de *fromage frais**
1½ colher (sopa) de ketchup
1 pingo de pimenta Tabasco
1 pingo de molho inglês
1 colher (chá) de conhaque
pimenta-do-reino preta moída na hora

1 Descasque os camarões. Lave-os em uma peneira grande sob água corrente fria, então seque-os bem com papel-toalha. Disponha-os em um prato raso não metálico e regue-os com 1 colher (sopa) de suco de limão; em seguida, acrescente uma pitada de pimenta moída na hora. Reserve.

2 Corte os pepinos em cubos pequenos e coloque-os em um prato. Com uma colher, despeje por cima o vinagre, polvilhe com o endro e com um pouco de pimenta; reserve. Corte ao meio o abacate, tire o caroço, descasque e pique em pedaços pequenos. Despeje por cima o restante do suco do limão e mexa bem, acrescentando uma pitada de pimenta moída na hora.

3 Para o molho, misture a maionese com o *fromage frais* e o ketchup. Acrescente o Tabasco, o molho inglês e o conhaque; misture tudo, adicionando uma pitada de pimenta moída na hora.

4 Para servir, distribua na base de quatro copos de coquetel uma colherada pequena do molho. Pique grosseiramente quase todo o agrião, deixando alguns raminhos inteiros. Coloque o agrião picado sobre o molho. Escorra bem o pepino e distribua-o com uma colher sobre o agrião com o abacate. Cubra com o camarão e, em seguida, despeje por cima o resto do molho. Decore com os raminhos inteiros do agrião e sirva com uma pitada de pimenta-caiena.

Substitua parte da maionese pelo fromage frais.

* Pode ser substituído por partes iguais de queijo cottage e iogurte natural processados até se tornarem uma massa lisa, ou por cream cheese extralight. (N. T.)

ENTRADAS, SOPAS E SALADAS

Sopa de cebola francesa

Talvez você pense que não seria necessário realizar muitas alterações, mas o caldo de carne substancioso, a manteiga (usada para caramelizar a cebola), os croûtons e o queijo gruyère fazem deste prato uma opção bem calórica. A versão *light*, além de menos calórica, é também nutritiva.

	Clássica	*Light*
Valor energético	570 kcal	405 kcal
Gorduras totais	32 g	19 g
Gorduras saturadas	17 g	5 g
Sal	5,77 g	1 g

Por porção: 405 kcal
Proteínas: 12 g; carboidratos: 44 g; gorduras totais: 19 g; gorduras saturadas: 5 g; fibras: 4 g; açúcar: 18 g; sal: 1 g

Rendimento: 4 porções
Preparo: 30 minutos
Cozimento: 1h25

Para a sopa
3 colheres (sopa) de óleo de canola extravirgem
4 cebolas grandes (900 g) cortadas ao meio e bem fatiadas
4 raminhos de tomilho
2 folhas de louro
300 ml de vinho branco seco
1 colher (sopa) bem cheia de farinha de trigo comum
1 colher (sopa) de caldo de legumes em pó

Para a cobertura
1 dente de alho triturado
1 colher (sopa) de óleo de canola extravirgem
4 pedaços de baguete cortados na diagonal
25 g de queijo parmesão ralado grosso
50 g de queijo gruyère ralado grosso
sal e pimenta-do-reino moída na hora

1 Em uma panela grande, refogue a cebola no óleo preaquecido e junte 3 raminhos de tomilho, as folhas de louro e tempere com um pouco de sal. Cozinhe em fogo alto por 5 minutos, mexendo sem parar, até a cebola começar a amolecer, sem ainda dourar. Em fogo baixo, cozinhe por 35 minutos, sem tampar e mexendo constantemente.

2 Enquanto isso, em uma panela pequena, leve o vinho à fervura e cozinhe por 30 segundos. Deixe esfriar. Em fogo médio, cozinhe a farinha em uma panela pequena de fundo grosso por alguns minutos, mexendo sem parar, até dourar um pouco. Reserve.

3 Quando as cebolas estiverem bem macias e murchas, aumente o fogo para que caramelizem, então cozinhe por mais 12 a 15 minutos, mexendo de vez em quando. Quando estiverem meladas e bem douradas, acrescente a farinha e mexa. Ainda em fogo alto, despeje aos poucos o vinho e mexa. Acrescente 1,2 litro de água e o caldo de legumes em pó; em fogo baixo, leve à fervura. Retire toda a espuma da superfície. Cozinhe em fogo baixo por 15 minutos para incorporar bem os sabores.

4 Enquanto a sopa estiver fervendo em fogo baixo, prepare os croûtons. Preaqueça o forno a 200 °C. Misture o alho no óleo. Pincele a mistura sobre os pedaços de pão, então corte cada pedaço em cubos. Espalhe os cubos em uma assadeira e asse por 8 a 10 minutos, até dourarem. Reserve.

5 Forre uma assadeira com papel-manteiga. Misture as folhas restantes de tomilho com o parmesão. Espalhe essa mistura sobre a assadeira, formando um retângulo de 13 x 8 cm. Asse por cerca de 8 minutos até derreter e começar a dourar. Retire, deixe firmar, então quebre em pedaços irregulares.

6 Para servir, retire as ervas e distribua a sopa em cumbucas. Espalhe por cima alguns croûtons, o queijo gruyère e um pouco de pimenta; depois, decore com um pedaço do salgadinho de parmesão.

Para reduzir o sal, use água e um pouquinho de caldo de legumes em pó, em vez de utilizar todo o caldo de carne.

Suflês de queijo assados duas vezes

Esses deliciosos suflês, que podem ser preparados com antecedência, quando reaquecidos, crescem outra vez milagrosamente. Você pode prepará-los um dia antes, o que os torna perfeitos para receber convidados. Substituir parte dos ingredientes ricos em gordura por aqueles mais magros ou de sabores mais acentuados ajuda a transformar esta receita em uma versão com baixo teor de gordura.

	Clássica	Light
Valor energético	275 kcal	175 kcal
Gorduras totais	21,6 g	10,6 g
Gorduras saturadas	12,5 g	4 g
Sal	0,9 g	0,5 g

Por porção: 175 kcal
Proteínas: 9,7 g; carboidratos: 10,4 g; gorduras totais: 10,6 g; gorduras saturadas: 4 g; fibras: 0,9 g; açúcar: 4,6 g; sal: 0,5 g

Rendimento: 6 porções
Preparo: 45 minutos, mais o tempo para esfriar e gelar
Cozimento: 30 minutos

Para os suflês
1 colher (sopa) cheia de fubá
1½ colher (sopa) de azeite de oliva, mais um tanto para untar
1 colher (chá) de manteiga
25 g de farinha de trigo comum
250 ml de leite semidesnatado
50 g de queijo parmesão ralado
1 colher (chá) de mostarda Dijon
50 g de queijo cremoso light
2 colheres (sopa) cheias de cebolinha-francesa bem cortada na tesoura, mais um tanto para servir
2 gemas de ovos grandes
3 claras de ovos grandes
50 g de rúcula para servir

Para o molho de tomate
350 g de tomates-cerejas bem picados
½ cebola roxa pequena bem picada
1 colher (chá) de purê de tomate
1 pitada de pimenta vermelha seca e triturada
pimenta-do-reino preta moída na hora

1 Unte ligeiramente com um pouco de azeite de oliva seis ramequins de 150 ml, acrescente o fubá e chacoalhe para retirar todo o excesso. Arrume os ramequins em uma assadeira pequena. Aqueça o azeite e a manteiga em uma caçarola média, adicione a farinha e cozinhe por 1 minuto sem parar de mexer. Retire do fogo e acrescente o leite, um pouco de cada vez, mexendo bem até que a mistura esteja homogênea.

2 Retorne a panela ao fogo e cozinhe sem parar de mexer até engrossar e levantar fervura. Retire do fogo. Reserve 1 colher (sopa) cheia de parmesão e, em pequenas colheradas, incorpore à mistura o restante do queijo, a mostarda e o queijo cremoso. Acrescente a cebolinha, tempere com pimenta e deixe esfriar um pouco.

3 Enquanto isso, prepare o molho. Misture os tomates, a cebola, o purê de tomate e a pimenta vermelha. Tempere com a pimenta-do-reino, tampe e leve à geladeira até a hora de servir.

4 Preaqueça o forno a 200 °C. Bata as gemas na mistura de queijo. Bata as claras em neve até formar picos firmes e, com uma colher grande de metal, incorpore uma colherada da clara em neve à mistura para amolecer um pouco. Com cuidado e em iguais quantidades, incorpore o restante da clara em neve em duas etapas, deixando a mistura leve e aerada. Divida essa mistura igualmente entre os ramequins.

5 Cubra a assadeira com água até a metade dos ramequins. Asse por 15 a 18 minutos, até os suflês dourarem e crescerem. Com cuidado, retire da assadeira e deixe esfriar. Os suflês irão murchar enquanto esfriam. Quando estiverem frios, cubra os ramequins e armazene por até 24 horas na geladeira.

6 Para reaquecê-los, preaqueça o forno a 200 °C. Retire os suflês da geladeira cerca de 10 minutos antes de assá-los. Remova-os dos ramequins, virando-os de cabeça para baixo sobre uma assadeira forrada com papel-manteiga. Polvilhe o restante do parmesão sobre cada suflê e asse por 10 minutos até crescerem. Decore com cebolinha e sirva acompanhado de molho e rúcula.

Reduza o teor de gordura saturada substituindo parte da manteiga por azeite de oliva.

•

Reduza a gordura substituindo parte do leite integral por semidesnatado.

•

Use parmesão de sabor forte e um queijo cremoso light para reduzir ainda mais o teor de gordura.

•

Inclua o molho de tomate para enriquecer as cinco porções diárias de frutas, legumes e verduras.

ENTRADAS, SOPAS E SALADAS

Patê de salmão

O rico sabor e a textura do patê de peixe o tornam uma entrada tentadora – mas, para tal, requer-se muita gordura. Ao diminuir a sua quantidade e fazer algumas pequenas alterações, esta versão deixa de ser nociva ao coração e, ainda assim, mantém toda a cremosidade da versão clássica. Para manter o patê *light*, sirva-o acompanhado de pedaços de pão sírio tostado ou grelhado.

	Clássica	*Light*
Valor energético	225 kcal	157 kcal
Gorduras totais	19,2 g	10,1 g
Gorduras saturadas	11,8 g	3,5 g
Sal	2,2 g	0,7 g

Por porção: 157 kcal

Proteínas: 15,1 g; carboidratos: 1,9 g; gorduras totais: 10,1 g; gorduras saturadas: 3,5 g; fibras: 0,7 g; açúcar: 1,6 g; sal: 0,7 g

Rendimento: 4 porções

Preparo: 15 minutos, mais o tempo para esfriar
Cozimento: 5 minutos

1 filé de salmão sem pele, com cerca de 140 g

½ abacate pequeno sem casca e sem caroço

175 g de queijo cremoso light

2 colheres (chá) de suco de limão-siciliano

1 dente de alho triturado

2 colheres (chá) de cebolinha picada, mais extra para decorar

sal

pimenta-do-reino preta moída na hora

1 Escalfe o salmão. Coloque-o em uma frigideira e cubra-o com água. Depois de levantar fervura, tampe a panela e cozinhe em fogo baixo por 5 minutos ou até o peixe estar pronto (o tempo de cozimento dependerá da espessura do filé). Retire do fogo e deixe-o na água por mais 2 minutos. Retire o peixe da água com uma colher vazada e deixe esfriar.

2 Enquanto isso, pique o abacate e, no processador de alimentos, bata com o queijo cremoso, o suco de limão-siciliano e o alho até a mistura alisar.

3 Quando estiver frio, desmanche o salmão em lascas. Adicione-o, juntamente com a cebolinha, à mistura de abacate e bata rapidamente no processador de alimentos se quiser o peixe em pedaços, ou bata por mais tempo para obter um patê liso. Tempere com pimenta e uma pitada de sal. Com uma colher, distribua em pequenos ramequins ou em pratos similares e decore com o restante da cebolinha.

Reduza as calorias e a gordura substituindo o queijo cremoso integral e o creme de leite pela mistura de abacate e queijo cremoso light.

Laksa de camarão

O caldo apimentado e aromático faz deste prato asiático uma saborosa entrada para 4 pessoas ou uma refeição leve para 2 a 3 pessoas. Sua sustância vem do leite de coco rico em gordura, e o sal vem do molho de peixe, do caldo e dos camarões. Ao ajustar os ingredientes, gorduras totais e saturadas são reduzidas pela metade e o teor de sal é diminuído drasticamente, sem comprometer em nada a cremosidade.

	Clássica	Light
Valor energético	556 kcal	298 kcal
Gorduras totais	25,4 g	12,6 g
Gorduras saturadas	16 g	7,4 g
Sal	6,3 g	1,7 g

Por porção: 298 kcal
Proteínas: 16,1 g; carboidratos: 29,8 g; gorduras totais: 12,6 g; gorduras saturadas: 7,4 g; fibras: 4 g; açúcar: 4,9 g; sal: 1,7 g

Rendimento: 4 entradas bem servidas
Preparo: 20 minutos
Cozimento: 40 minutos

Para o laksa
20 camarões graúdos cozidos com a casca
400 ml de leite de coco light
2 maços pequenos de pak choi (acelga-chinesa ou couve-chinesa) cortados em pedaços de 2,5 cm
100 g de ervilhas-tortas cortadas ao meio
100 g de aspargos finos aparados e cortados na diagonal em 4 pedaços
2 colheres (chá) de óleo de canola
2 colheres (chá) de molho de peixe
½ colher (chá) de açúcar mascavo claro
140 g de noodles de ovo (macarrão chinês)
100 g de brotos de feijão
1 colher (sopa) de suco de limão-taiti

Para a pasta do laksa
2 dentes de alho grandes ralados grossos
1 echalota ralada grossa
1 talo de capim-limão sem folhas grosseiramente picado
1 pedaço de 2,5 cm de gengibre ralado grosso
1 pimenta-malagueta, sem algumas sementes, ou com todas elas se preferir bem picante
1 pitada pequena de açafrão-da-terra
¼ de colher (chá) de cominho ralado
1 colher (sopa) de coentro picado com folhas e talos
2 colheres (chá) de pasta de pimenta (sambal oelek)
1 pitada de sal

Para decorar
folhas de coentro grosseiramente picadas

1 Prepare o caldo com a casca dos camarões. Descasque os camarões, deixando o rabo. Coloque as cascas e as cabeças em uma caçarola com 450 ml de água. Leve à fervura; em seguida, reduza o fogo e cozinhe em fogo baixo por 20 minutos. Passe pela peneira para obter 350 ml de caldo.

2 Enquanto isso, prepare a pasta do laksa. Coloque todos os ingrediente e 2 colheres (sopa) de leite de coco em um mixer pequeno e processe até formar uma pasta. Reserve.

3 Cozinhe junto no vapor a acelga-chinesa ou a couve-chinesa, as ervilhas-tortas e os aspargos por 3 a 4 minutos até estarem al dente e ainda bem verdes. Reserve. Aqueça o azeite em uma panela wok ou em uma frigideira grande, acrescente a pasta e refogue por 4 minutos. Adicione 300 ml de caldo de camarão e cozinhe em fogo baixo por 2 minutos. Acrescente, sem parar de mexer, o molho de peixe, o açúcar e o restante do leite de coco; em seguida, cozinhe em fogo baixo por 2 a 3 minutos, cuidando para não aumentar o fogo e formar grumos no caldo. Retire do fogo.

4 Cozinhe o noodle de acordo com as instruções da embalagem, por cerca de 4 a 5 minutos. Enquanto isso, insira no caldo os legumes cozidos no vapor e os camarões e retorne ao fogo baixo para aquecê-los por 1 a 2 minutos. Acrescente, sem parar de mexer, metade do broto de feijão e o restante do caldo de camarão, se quiser um caldo um pouco mais diluído. Retire do fogo e acrescente o suco do limão (se estiver muito quente, formará grumos).

5 Escorra o noodle e monte quatro cumbucas pequenas e largas com o macarrão. Com uma concha, coloque o caldo sobre o macarrão com os legumes e os camarões; em seguida, cubra com o restante do broto de feijão e decore com o coentro.

DICA
- Se preferir usar camarões crus com a casca a camarões cozidos, acrescente-os ao caldo na etapa de número 4, antes dos legumes, e cozinhe em fogo baixo por 2 a 3 minutos, até estarem ao ponto.

Reduza a gordura, principalmente a saturada, substituindo o leite de coco integral pelo leite de coco light.

•

Prepare a sua própria pasta de laksa e o seu próprio caldo para um maior controle da quantidade de sal.

•

Reduza o molho de peixe para diminuir ainda mais a quantidade de sal e conserve o sabor aumentando a variedade de ingredientes da pasta de laksa.

Salada Caeser com frango

As saladas muitas vezes enganam. O molho, o queijo e os croûtons podem ser surpreendentemente calóricos. Nesta variação da clássica receita de salada Caeser, embora a gordura seja reduzida a um nível mínimo, o prato continua cremoso e rico em sabor.

	Clássica	*Light*
Valor energético	674 kcal	430 kcal
Gorduras totais	47,5 g	23 g
Gorduras saturadas	9,2 g	4 g
Sal	2,19 g	1,37 g

Por porção: 430 kcal

Proteínas: 43 g; carboidratos: 15 g; gorduras totais: 23 g; gorduras saturadas: 4 g; fibras: 3 g; açúcar: 4 g; sal: 1,37 g

Rendimento: 4 porções

Preparo: 25 minutos, mais o tempo para marinar
Cozimento: 25 minutos

Para o frango

1½ colher (sopa) de suco de limão-siciliano, mais extra para espremer na hora

1 colher (sopa) de azeite de oliva

2 colheres (sopa) de folhas de tomilho, mais alguns ramos

1 dente de alho triturado

4 peitos de frango sem osso e sem pele, totalizando cerca de 140 g

Para os croûtons

100 g de pão rústico de grãos de trigo em flocos

2 colheres (sopa) de azeite de oliva

Para o molho e a salada

1 dente de alho bem picado

1 colher (chá) de mostarda Dijon

½ colher (chá) de molho inglês

1 colher (sopa) de suco de limão-siciliano, mais extra para espremer na hora

1 boa pitada de pimenta vermelha seca e triturada

4 filés de anchovas no azeite, escorridos e bem picados

3 colheres (sopa) de maionese de boa qualidade

4 colheres (sopa) de iogurte natural desnatado

1 maço de alface-romana com as folhas soltas, lavadas e secas

100 g de rúcula ou agrião

25 g de queijo parmesão em lascas (cortadas com um descascador de batatas)

pimenta-do-reino preta moída na hora

1. Marine o frango. Em uma travessa que não seja de metal, misture o limão, o azeite, o tomilho e o alho. Acrescente os filés de frango e vire-os para cobrir com essa marinada. Tempere com a pimenta, cubra e leve para gelar por até 2 horas.

2. Preaqueça o forno a 200 °C. Fatie o pão em cubos grandes, desiguais, para fazer os croûtons. Espalhe-os em uma única camada na assadeira e, em seguida, pincele o azeite por toda a superfície. Asse por cerca de 10 minutos, até estarem dourados e crocantes.

3 Enquanto isso, misture em um miniprocessador o alho, a mostarda, o molho inglês, o limão, a pimenta vermelha e as anchovas. Bata até a mistura ficar lisa; acrescente a maionese e o iogurte e bata outra vez, até obter a consistência do creme de leite sem soro. Ajuste o sabor com o limão e a pimenta. Se necessário, deixe o molho mais ralo com duas colheres (chá) de água, obtendo assim a consistência ideal para cobrir as folhas verdes.

4 Aqueça uma frigideira grill. Quando estiver bem quente, coloque os filés de frango com o lado da pele para baixo. Grelhe por 15 a 16 minutos, virando do outro lado uma ou duas vezes, até estarem bem cozidos. Retire do fogo e deixe a carne esfriar por 5 minutos antes de fatiá-la.

5 Conserve inteiras as folhas de alface pequenas e rasgue as maiores em 2 ou 3 pedaços; em seguida, coloque todas em uma cumbuca grande junto com a rúcula ou o agrião. Verta metade do molho sobre as folhas e misture com cuidado. Você pode montar a salada na cumbuca ou distribuir as folhas em pratos individuais e colocar por cima os croûtons, o frango e o parmesão. Decore as saladas e as laterais do prato com o restante do molho e regue com limão-siciliano.

A mistura de maionese com iogurte desnatado forma um molho light delicioso.

•

Asse os croutons em vez de fritá-los; grelhe o frango em vez de fritá-lo.

•

Para conferir sabor, use anchovas e parmesão de boa qualidade, assim não será necessário usar sal para temperar.

•

Para aumentar o teor de vitamina C e de ácido fólico, acrescente rúcula à alface-romana.

ENTRADAS, SOPAS E SALADAS 27

Sopa cremosa de abóbora-menina

Ao se optar por uma técnica de cocção mais saudável e ao se considerar diferentes maneiras de acrescentar sabor, o aspecto reconfortante desta sopa segue intacto – no entanto, sal e gordura são consideravelmente reduzidos.

	Clássica	*Light*
Valor energético	436 kcal	213 kcal
Gorduras totais	29,7 g	6,2 g
Gorduras saturadas	13,1 g	0,9 g
Sal	1,2 g	0,1 g

Por porção: 213 kcal
Proteínas: 6,6 g; carboidratos: 34,1 g; gorduras totais: 6,2 g; gorduras saturadas: 0,9 g; fibras: 8,8 g; açúcar: 20,1 g; sal: 0,1 g

Rendimento: 4 porções
Preparo: 30 minutos
Cozimento: 45 minutos

1½ colher (chá) de semente de coentro
1 colher (chá) de semente de cominho
1 abóbora-menina com cerca de 1,25 kg
1 cebola grande sem casca
1 pimentão vermelho sem sementes e cortado em pedaços de 3 a 4 cm
3 dentes de alho sem pele e cortados ao meio
¼ de colher (chá) de pimenta vermelha seca e triturada
1 colher (sopa) de óleo de canola mais 2 colheres (chá)
850 ml de caldo de legumes fresco ou em cubos
4 colheres (sopa) de iogurte natural
pimenta-do-reino preta moída na hora

1 Preaqueça o forno a 200 °C. Aqueça uma frigideira pequena de fundo triplo sem óleo, acrescente as sementes de coentro e de cominho e torre-as por alguns minutos até começarem a soltar sua fragrância (começarão também a pular na frigideira). Mexa sem parar para que não queimem. Com um pilão, triture-as até formar um pó. Reserve.

2 Corte a abóbora ao meio na transversal e retire a casca com um descascador de legumes. Corte cada pedaço de abóbora ao meio na longitudinal, retire e descarte as sementes, então corte os pedaços em pedaços ainda menores, de 3 a 4 cm. Coloque a abóbora em uma assadeira grande. Corte a cebola ao meio na longitudinal e, então, divida cada metade em oito cubos finos. Espalhe esses cubos na assadeira junto com o pimentão vermelho e o alho.

3 Misture as especiarias em pó e a pimenta triturada com todo o óleo e verta essa mistura sobre os legumes. Misture bem para besuntar tudo com a mistura de óleo (as mãos são boas nessa hora). Espalhe os legumes em uma única camada para que assem melhor do que quando amontoados e tempere com uma boa pitada de pimenta-do-reino preta moída na hora. Asse por 40 a 45 minutos ou até que os legumes estejam bem macios e com as bordas um pouco douradas.

4 Retire do forno e verta 300 ml de água fervente sobre a assadeira, mexendo para raspar a camada grudada no fundo. Acrescente 500 ml de caldo. Com cuidado, transfira (aos poucos, se preciso) para um liquidificador ou um processador de alimentos e bata até obter a consistência de purê.

5 Em uma caçarola, despeje a sopa e adicione o restante de caldo. Reaqueça. Para servir, acrescente uma colher (sopa) cheia de iogurte sobre cada cumbuca e faça movimentos circulares com a colher para deixar a sopa bem cremosa.

Reduza a gordura saturada: na hora de cozinhar, o óleo de canola substitui a manteiga; para mais cremosidade, o iogurte substitui o creme de leite.

ENTRADAS, SOPAS E SALADAS

Salada niçoise

Com ingredientes salgados, como a anchova, e uma generosa quantidade de molho, o sal, a gordura e as calorias podem facilmente se acumular na salada niçoise. Mas há maneiras de se fazer alterações saudáveis e ainda assim conservar as suas qualidades.

	Clássica	*Light*
Valor energético	621 kcal	451 kcal
Gorduras totais	43 g	28,3 g
Gorduras saturadas	7,6 g	4,9 g
Sal	2,7 g	1,7 g

Por porção: 451 kcal

Proteínas: 39 g; carboidratos: 8,8 g; gorduras totais: 28,3 g; gorduras saturadas: 4,9 g; fibras: 9 g; açúcar: 4,8 g; sal: 1,7 g

Rendimento: 4 porções

Preparo: 30 minutos
Cozimento: 15 a 20 minutos

Para a salada

300 g de vagens (sem as pontas)

200 g de grãos de feijão-fava, frescos ou congelados

4 ovos médios

4 filés de atum de 115 g cortados em espessura de 2,5 cm

1 colher (chá) de óleo de canola

250 g de tomates-cerejas cortados ao meio

12 corações de alcachofra grelhada em conserva de azeite, bem escorridos

16 azeitonas pretas pequenas

4 filés de anchovas no azeite, escorridos e bem picados

Para o molho

1 dente de alho pequeno

1 colher (sopa) de suco de limão-siciliano

1 colher (sopa) de vinagre de vinho branco

1 colher (chá) de mostarda Dijon

2 colheres (sopa) de azeite de oliva extravirgem

2 colheres (sopa) de óleo de canola

1 colher (sopa) de salsinha de folha lisa

2 colheres (sopa) de cebolinha-francesa bem cortada na tesoura

sal e pimenta-do-reino preta moída na hora

1. Cozinhe as vagens em água fervente por 3 a 5 minutos ou até ficarem al dente e ainda bem verdinhas. Passe a ervilha pela peneira e esfrie rápido sob água corrente. Cozinhe o feijão-fava em água fervente por cerca de 3 minutos e, em seguida, escorra e esfrie como anteriormente. Retire a pele do feijão e reserve.

2. Coloque os ovos em uma caçarola média, cubra com água e leve à fervura. Cozinhe por 5 minutos (para ovos cozidos moles). Escorra imediatamente e esfrie em água gelada para brecar o cozimento. Espere alguns minutos e descasque-os. Reserve.

3. Para preparar o molho, amasse o alho em uma vasilha pequena e, então, mexendo sem parar, adicione o limão, o vinagre e a mostarda. Aos poucos, acrescente o azeite de oliva e, por último, o óleo de canola. Adicione as ervas e tempere com pimenta e uma pitada de sal.

4. Com papel-toalha, seque os filés de atum e esfregue o óleo de canola em todos eles. Tempere com pimenta. Aqueça uma frigideira grill ou antiaderente e grelhe os filés por 2 a 3 minutos de cada lado (para ficarem ao ponto). Retire do fogo e reserve.

5. Para montar a salada, distribua em cada uma das quatro tigelas rasas e largas um quarto da ervilha, do feijão-fava, do tomate, da alcachofra, das azeitonas e das anchovas. Coloque por cima um filé de atum com duas metades dos ovos e, então, regue por cima o molho.

Prefira os filés de atum frescos aos enlatados para um melhor aproveitamento de suas gorduras "boas". Grelhe ao invés de fritá-los, assim menos óleo será necessário.

ENTRADAS, SOPAS E SALADAS 29

Sopa de alho-poró e batata

Adorada por seu sabor intenso e textura suave, esta sopa clássica, rica em creme de leite, que lhe confere esses atributos, pode ser um tanto gordurosa. Fazendo uso de uma escolha criativa de ingredientes, esta versão *light* oferece uma alternativa bem mais saudável que conserva toda a cremosidade e o sabor, sem pecar nas calorias e gorduras.

	Clássica	*Light*
Valor energético	428 kcal	141 kcal
Gorduras totais	32,3 g	4,9 g
Gorduras saturadas	20 g	1,1 g
Sal	1,3 g	0,2 g

Por porção: 141 kcal
Proteínas: 5,4 g; carboidratos: 18,5 g; gorduras totais: 4,9 g; gorduras saturadas: 1,1 g; fibras: 4,9 g; açúcar: 5,1 g; sal: 0,2 g

Rendimento: 4 porções
Preparo: 15 minutos
Cozimento: 15 minutos

- 1 colher (sopa) de óleo de canola
- 1 cebola pequena picada
- 2 a 3 talos de alho-poró aparados, limpos e fatiados (totalizando cerca de 300 g)
- 300 g de batatas-inglesas cortadas em cubos de 2 cm
- 140 g de couve-flor cortada em pedaços de 2 cm
- 1 litro de caldo de legumes de boa qualidade
- 50 ml de leite semidesnatado
- 4 colheres (chá) de crème fraîche* com 50% de gordura
- cebolinha-francesa bem cortada na tesoura para decorar
- pimenta-do-reino preta moída na hora

1 Em uma caçarola grande, refogue no óleo preaquecido a cebola e o alho-poró por 4 a 5 minutos ou até que tenham começado a amolecer. Acrescente as batatas e a couve-flor, tempere com pimenta e adicione o caldo. Espere levantar fervura, abaixe o fogo e cozinhe por 8 a 10 minutos ou até que todos os legumes estejam bem macios – eles devem ficar macios, mas não muito cozidos para que não percam o frescor.

2 Transfira a mistura para um processador de alimentos ou um mixer e bata até obter a consistência de purê. Faça isso aos poucos, se necessário. Acrescente o leite e misture. Despeje em uma panela e reaqueça rapidamente ou, se preferir uma textura bem lisinha, passe a sopa por uma peneira fina.

3 Distribua a sopa em cumbucas e coloque uma colher (chá) de crème fraîche em cada uma e mexa em círculo. Sirva decorada com cebolinha-francesa e uma pitada a mais de pimenta-do-reino.

DICA

- Para limpar o alho-poró, corte cada talo na vertical em uma profundidade que lhe permita abrir as folhas uma a uma, então lave-as em água fria corrente para retirar possíveis pedrinhas e terra.

No lugar do creme de leite, use couve-flor, leite e crème fraîche magro, reduzindo consideravelmente as calorias, gorduras totais e saturadas, sem perder a cremosidade.

* Por ser difícil de encontrar, substitua-o por três partes de creme de leite fresco e uma parte de iogurte natural desnatado: misture e deixe na geladeira de um dia para o outro. (N. T.)

ENTRADAS, SOPAS E SALADAS

Salada de batata

Não é a batata que torna este clássico de piquenique um prato pouco saudável; o problema está em toda aquela maionese e no creme de leite. Esta versão caseira é tanto prática quanto saborosa. Conserve a batata com casca para aumentar a ingestão de fibras.

	Clássica	Light
Valor energético	370 kcal	215 kcal
Gorduras totais	32,4 g	12,1 g
Gorduras saturadas	3,7 g	2,7 g
Sal	0,9 g	0,5 g

Por porção: 215 kcal
Proteínas: 4,5 g; carboidratos: 21,9 g; gorduras totais: 12,1 g; gorduras saturadas: 2,7 g; fibras: 2 g; açúcar: 4,5 g; sal: 0,5 g

Rendimento: 6 porções
Preparo: 10 minutos
Cozimento: 10 minutos

750 g de batatas charlotte novas,* com casca e lavadas

2 colheres (sopa) de maionese de boa qualidade

3 colheres (sopa) de iogurte natural

3 colheres (sopa) de crème fraîche com 50% de gordura (veja página 29)

1 colher (chá) de mostarda Dijon

1 colher (sopa) de leite semidesnatado

8 talos de cebolinha aparados, limpos, abertos ao meio e picados

3 colheres (sopa) de cebolinha-francesa cortada na tesoura

1 colher (sopa) de estragão picado

sal e pimenta-do-reino preta moída na hora

1 Corte as batatas em pedaços de 2,5 a 3 cm para que fiquem todos no mesmo tamanho e cozinhem por igual. Coloque-as em uma panela com água. Espere levantar fervura, abaixe um pouco o fogo e cozinhe por cerca de 10 minutos, até estarem cozidas, mas firmes. Passe as batatas por um escorredor de macarrão e transfira-as para uma travessa grande de servir.

2 Enquanto as batatas estiverem cozinhando, misture a maionese com o iogurte, o crème fraîche, a mostarda e o leite. Adicione às batatas a cebolinha e grande parte da cebolinha-francesa e do estragão. Tempere com pimenta e uma pitada de sal.

3 Regue o molho sobre as batatas ainda quentes e misture com cuidado para cobri-las, mas sem quebrá-las. Espalhe por cima o restante da cebolinha-francesa e do estragão. Cubra e leve para gelar. Para ficar mais saborosa, retire a salada da geladeira de 15 a 20 minutos antes de servir.

Use maionese com iogurte e crème fraîche com 50% de gordura para um molho cremoso e saboroso, porém mais magro.

* Podem ser substituídas pela variedade ágata – mais facilmente encontrada.

Frango da coroação

Originalmente criado para o almoço de comemoração da coroação da rainha Elizabeth II em 1953, este prato britânico é uma mistura interessante do encontro entre Ocidente e Oriente. Para torná-lo mais contemporâneo, cheguei a esta versão *light* usando ingredientes frescos e atuais. Como alternativa ao arroz, experimente servir este prato com cuscuz misturado a coentro fresco picado.

	Clássica	*Light*
Valor energético	797 kcal	402 kcal
Gorduras totais	65 g	23 g
Gorduras saturadas	14 g	5 g
Sal	1,53 g	0,53 g

Por porção: 402 kcal

Proteínas: 35,2 g; carboidratos: 15 g; gorduras totais: 23 g; gorduras saturadas: 5 g; fibras: 3 g; açúcar: 14 g; sal: 0,53 g

Rendimento: 6 porções

Preparo: 30 minutos, mais o tempo para esfriar e gelar
Cozimento: 2h10

Para o frango

1,6 kg de frango inteiro

2 cebolas pequenas picadas grosseiramente

1 cenoura cortada em fatias grossas

4 ramos de estragão

2 folhas de louro

Para o molho

1 colher (sopa) de óleo de canola

4 colheres (chá) de curry em pó

2 colheres (chá) de purê de tomate

6 damascos secos e macios cortados em quatro

1 colher (chá) de açúcar mascavo claro

1 colher (sopa) de suco de limão-taiti

100 g de maionese

250 g de *fromage frais* sem gordura (veja página 14)

Para a salada

6 talos de cebolinha

25 g de coentro fresco picado, somente as folhas

1 manga média madura sem caroço, sem casca e picada

100 g de agrião

pimenta-do-reino preta moída na hora

1 Coloque o frango em uma panela grande e cubra com água. Adicione metade da cebola picada, a cenoura, o estragão e as folhas de louro. Tampe, espere ferver e, em seguida, abaixe o fogo e cozinhe por 1h45 ou até que o frango esteja cozido (as coxas se soltarão com facilidade do corpo). Retire do fogo, mas deixe o frango no líquido por 3 horas, até esfriar. Quando estiver frio, retire o frango e leve o caldo à geladeira até a gordura solidificar. Peneire o líquido (para retirar a gordura do caldo) e reserve 200 ml para o molho. Isso pode ser feito com um dia de antecedência e armazenado na geladeira. O restante do caldo pode ser levado à geladeira e, depois, congelado.

2. Para o molho, aqueça o óleo em uma frigideira pequena, acrescente o restante da cebola picada e refogue por cerca de 5 a 8 minutos, até amolecer e começar a dourar. Adicione o curry em pó e cozinhe por 1 minuto, mexendo sem parar. Acrescente o caldo de frango reservado e o purê de tomate; mexa bem. Tampe e cozinhe em fogo baixo por 10 minutos.

3. Enquanto isso, coloque os damascos em uma panela pequena e cubra-os com água. Cozinhe em fogo baixo por 15 minutos. Escorra e reserve 1 colher (sopa) do líquido. Em um mixer elétrico, bata o damasco com o líquido reservado até obter a consistência de purê; em seguida, passe por uma peneira (deve render 1 colher [sopa] de purê).

4. Retire o molho de curry do fogo e acrescente o açúcar. Passe por uma peneira, pressionando o máximo possível com uma colher de pau e, em seguida, acrescente o limão e o purê de damasco. Mexa e depois deixe esfriar.

5. Misture a maionese com o *fromage frais* e, logo após, acrescente o molho de curry frio. Tempere a gosto com uma boa pitada de pimenta.

6. Corte a cebolinha em tiras finas e compridas; reserve. Se preferi-la crespa, coloque a cebolinha em uma vasilha com gelo enquanto termina de preparar a salada. Retire a pele do frango. Solte a carne do osso em pedaços grandes, remova o peito separadamente e corte-o em fatias grandes. Misture com cuidado o frango ao molho de curry e acrescente o coentro e grande parte da manga. Espalhe o agrião no fundo do prato. Cubra com uma colherada da mistura de frango, adicione o restante da manga e finalize com um montinho das tiras (escorridas) de cebolinha.

Reduza a gordura substituindo parte da maionese pelo fromage frais.

•

Cozinhe o frango em água fervente e retire a pele para diminuir ainda mais o teor de gordura.

•

Agregue sabor usando coentro, manga e agrião.

ENTRADAS, SOPAS E SALADAS 35

Salada grega

Esta salada fresquinha e crocante, embora rica em ingredientes saudáveis, requer certo cuidado com a quantidade de sal proveniente das azeitonas e do queijo feta, como também com a gordura, dependendo da quantidade de azeite usada no molho. Contudo, com algumas pequenas alterações e acréscimos, que conservam o interessante sabor desta salada, gordura, sal e calorias foram todos reduzidos.

	Clássica	Light
Valor energético	350 kcal	254 kcal
Gorduras totais	30,9 g	18,6 g
Gorduras saturadas	9,8 g	6,3 g
Sal	2,2 g	1,7 g

Por porção: 254 kcal
Proteínas: 8,7 g; carboidratos: 12,8 g; gorduras totais: 18,6 g; gorduras saturadas: 6,3 g; fibras: 5,6 g; açúcar: 11,1 g; sal: 1,7 g

Rendimento: 4 porções
Preparo: 20 minutos, mais o tempo para esfriar e marinar
Cozimento: 35 minutos

2 pimentões vermelhos
2 colheres (sopa) de azeite de oliva extravirgem
1 colher (sopa) de óleo de canola
1½ colher (sopa) de suco de limão-siciliano
½ colher (chá) de orégano seco
½ pepino
450 g de tomates colhidos já maduros
½ cebola roxa pequena descascada
85 g de agrião
12 azeitonas pretas conservadas em óleo
140 g de queijo feta
2 ramos pequenos de orégano e de hortelã, com as folhas picadas grosseiramente
sal e pimenta-do-reino moída na hora

1. Preaqueça o forno a 200 °C. Forre uma assadeira pequena com papel-manteiga, disponha os dois pimentões inteiros e asse por cerca de 35 minutos, virando do outro lado algumas vezes, ou até ficarem macios e com toda a casca chamuscada.

2. Transfira os pimentões para um refratário, tampe bem com papel-filme e deixe esfriar. O vapor criado na vasilha deixará os pimentões mais fáceis de serem descascados. Quando estiverem frios o suficiente para o manuseio, tire-os da vasilha e descasque, deixando todo o suco no refratário. Abra os pimentões, verta todo o suco interno na vasilha e retire e descarte as sementes e o miolo. Corte os pimentões em tiras e disponha-as em um prato raso não metálico.

3. Prepare o molho. Coloque o azeite, o óleo e o limão no refratário com o suco dos pimentões. Misture bem, adicione o orégano seco e tempere com a pimenta e uma pitada de sal. Derrame o molho por cima dos pimentões, tampe e deixe marinar por pelo menos 15 minutos ou de um dia para o outro, se preferir.

4. Para servir, pique o pepino e os tomates em pedaços grandes. Parta a cebola ao meio e, com a parte cortada para baixo sobre a tábua, corte-a em fatias bem finas. Pique o agrião grosseiramente e distribua em quatro cumbucas. Espalhe por cima os pedaços de pepino e de tomate, as fatias de cebola e as azeitonas. Desmanche o queijo feta em pedacinhos e espalhe-os por cima de cada salada. Regue por cima uma colherada da marinada de pimentões e finalize com uma pitada de pimenta e com as folhas frescas de orégano e hortelã. Antes de servir, deixe a salada descansar por alguns minutos para incorporar bem os sabores.

Use pimentões para aumentar o sabor e a quantidade de vitamina C; insira agrião para melhorar o ácido fólico e aumentar as porções diárias de frutas, legumes e verduras.

Chowder de peixe

A receita ideal para um jantar simples e leve. A grande vantagem desta versão é que o caldo cremoso contém bem menos gordura saturada do que a versão clássica, que leva creme de leite em lata. Acrescentar tomilho, pimenta triturada e *prosciutto* incrementa ainda mais este prato e diminui o uso de sal.

	Clássica	*Light*
Valor energético	482 kcal	398 kcal
Gorduras totais	25,2 g	15,4 g
Gorduras saturadas	11,2 g	3,3 g
Sal	2,2 g	0,9 g

Por porção: 398 kcal
Proteínas: 31,9 g; carboidratos: 32,1 g; gorduras totais: 15,4 g; gorduras saturadas: 3,3 g; fibras: 7,1 g; açúcar: 4,5 g; sal: 0,9 g

Rendimento: 4 porções
Preparo: 20 minutos
Cozimento: 35 minutos

1½ colher (sopa) de óleo de canola

3 fatias de prosciutto sem o excesso de gordura e cortadas em tiras

2 a 3 talos de alho-poró (300 g no total) aparados, limpos e bem fatiados

2 dentes de alho grandes bem picados

3 ramos de tomilho (preferencialmente tomilho-limão), mais extra para decorar

2 folhas de louro

650 g de batatas rosadas sem casca, limpas e cortadas em fatias de 5 mm

600 ml de caldo de legumes quente preparado com um caldo em cubo de boa qualidade ou caldo de carne em pó

1 boa pitada de pimenta vermelha seca e triturada

250 g de filés de salmão sem pele

250 g de filés de hadoque ou de cação sem pele

3 colheres (sopa) de crème fraîche com 50% de gordura (veja página 29)

sal e pimenta-do-reino preta moída na hora

cebolinha-francesa bem cortada na tesoura para decorar

---

1 Em uma frigideira funda grande, aqueça 1 colher (sopa) de óleo. Acrescente o prosciutto e frite-o por 2 minutos, até ficar crocante. Retire-o da frigideira com uma colher vazada, escorrendo todo o óleo em excesso na panela. Reserve. Acrescente o restante do óleo à panela e frite o alho-poró, o alho, o tomilho e as folhas de louro por 2 a 3 minutos, até o alho-poró começar a amolecer, mas ainda estar com suas cores intensas.

2 Acrescente as batatas e frite por 2 minutos, virando do outro lado algumas vezes. Adicione o caldo e mais 100 ml de água fervente e pressione com cuidado as batatas para baixo para que fiquem imersas. Espere levantar fervura. Deixe ferver em fogo alto por 10 minutos sem tampa até as batatas estarem quase cozidas. O líquido deve engrossar um pouco. Espalhe a pimenta triturada por cima, um pouco da pimenta-do-reino e uma pitada de sal.

3 Abaixe o fogo para o médio e coloque os filés de peixe sobre as batatas. Tempere o peixe com pimenta e pressione-o para baixo com cuidado para que fique imerso. Tampe e cozinhe em fogo baixo por cerca de 5 minutos ou até que o peixe esteja quase pronto. Retire do fogo e deixe descansar por 5 a 10 minutos. Remova o tomilho e as folhas de louro. Ainda fora do fogo, acrescente o crème fraîche e mexa com cuidado até o caldo ficar cremoso.

4 Para servir, aqueça um pouco o caldo. Distribua em pratos fundos as batatas e o peixe em pedaços grandes. Despeje por cima colheradas do caldo e finalize com a cebolinha-francesa, as folhas de tomilho e o prosciutto.

Nesta receita, use salmão e peixe branco para aumentar o teor dos ácidos graxos ômega 3, que fazem bem ao coração.

REFEIÇÕES SAUDÁVEIS E PRAZEROSAS EM FAMÍLIA

Risoto com abóbora-menina e sálvia

Uma cumbuca do clássico risoto italiano pode, sim, ser uma opção saudável – mesmo que a gordura seja reduzida, ainda é possível obter a cremosidade que todos associamos a uma das *comfort food* preferidas, um tipo de comida que desperta o bem-estar e o prazer.

	Clássica	*Light*
Valor energético	725 kcal	517 kcal
Gorduras totais	32 g	15 g
Gorduras saturadas	16 g	5 g
Sal	3,37 g	0,37 g

Por porção: 517 kcal
Proteínas: 15 g; carboidratos: 85 g; gorduras totais: 15 g; gorduras saturadas: 5 g; fibras: 5 g; açúcar: 10 g; sal: 0,37 g

Rendimento: 4 porções
Preparo: 35 minutos
Cozimento: 35 a 40 minutos

- 2 litros de caldo de legumes com pouco sal
- 4 fatias de cogumelos secos porcini
- 2½ colheres (sopa) de azeite de oliva
- 1 cebola bem picada
- 2 dentes de alho bem picados
- 6 folhas de sálvia bem picadas, mais extra para decorar
- 2 ramos de tomilho
- ½ abóbora-menina (cerca de 700 g) sem casca, sem sementes e cortada em cubos de 2,5 cm
- 350 g de arroz carnaroli ou arbório
- 100 ml de vinho branco seco
- 1 punhado de salsinha de folha lisa picada
- 50 g de queijo parmesão ralado
- 2 colheres (sopa) de queijo mascarpone *light**
- pimenta-do-reino preta moída na hora

1 Despeje o caldo em uma caçarola, acrescente o cogumelo, espere levantar fervura e abaixe o fogo.

2 Aqueça 2 colheres (sopa) de azeite em uma caçarola grande de fundo triplo. Acrescente a cebola, o alho, a sálvia, o tomilho e a abóbora, então refogue por cerca de 10 minutos, até a abóbora começar a amolecer, mexendo algumas vezes para que não grude no fundo da panela ou queime. Em fogo médio, acrescente o arroz à panela. Cozinhe por 3 a 4 minutos sem parar de mexer, para refogá-lo sem que doure. Despeje o vinho e mexa tudo por 1 minuto.

3 Comece a adicionar o caldo quente (deixando o cogumelo por último) – essa etapa demora de 18 a 20 minutos. Acrescente 1½ concha do caldo e cozinhe em fogo baixo, sem parar de mexer e de raspar o fundo e as laterais da panela. Quando evaporar a primeira concha de caldo, acrescente outra e mexa, para que o risoto fique cremoso. Repita o procedimento (quando formar um risco ao raspar o fundo da panela, é hora de acrescentar outra concha). Quando adicionar quase todo o caldo (reserve um pouco), cheque se o risoto está *al dente* e com a consistência cremosa. Tempere com pimenta.

4 Retire a panela do fogo. Acrescente a última dose do caldo para manter o risoto úmido. Espalhe por cima a salsinha e metade do parmesão; acrescente o mascarpone. Deixe descansar por 3 a 4 minutos na panela tampada.

5 Enquanto isso, aqueça o restante do azeite em uma frigideira pequena. Adicione a quantidade extra de sálvia e refogue por alguns segundos até começar a dourar. Transfira para um papel-toalha com uma escumadeira para escorrer o azeite. Coloque o risoto em pratos fundos e polvilhe com o restante do parmesão e as folhas crocantes de sálvia.

* Por ser difícil de encontrar, substitua-o por cream cheese light ou prepare o seu em casa. Aqueça o creme de leite light em banho-maria e acrescente suco de limão para talhar o creme. Deixe na geladeira dentro de um saco de morim para escorrer o soro durante 1 ou 2 dias. (N. T.)

Experimente usar uma quantidade pequena de mascarpone *light* em vez de acrescentar mais parmesão.

Moussaka (lasanha de berinjela)

Com as camadas de molho de carne, as berinjelas fritas e o molho bechamel com queijo, há muito o que transformar neste prato. Entretanto, é possível conservar as berinjelas saborosas sem fritá-las e sem usar tanta gordura. Com algumas outras pequenas mudanças, que conservarão as camadas em harmonia, mas de uma maneira mais *light*, a cobertura continua intensa, a carne magra e apimentada e a berinjela cremosa.

	Clássica	*Light*
Valor energético	820 kcal	325 kcal
Gorduras totais	58 g	15 g
Gorduras saturadas	24 g	5 g
Sal	1,06 g	0,65 g

Por porção: 325 kcal

Proteínas: 28 g; carboidratos: 19 g; gorduras totais: 15 g; gorduras saturadas: 5 g; fibras: 6 g; açúcar: 14 g; sal: 0,65 g

Rendimento: 6 porções

Preparo: 30 minutos
Cozimento: 2h05

2½ colheres (sopa) de azeite de oliva

1 cebola picada

2 dentes de alho grandes bem picados

2 cenouras grandes (cerca de 350 g) cortadas em cubos pequenos

450 g de carne moída bovina com 5% de gordura

100 ml de vinho branco seco

1 colher (chá) de canela em pó, mais extra para polvilhar

¼ de colher (chá) de pimenta-da-jamaica

400 g de tomates pelados

2 colheres (sopa) de purê de tomate

1 colher (sopa) cheia de folhas de orégano picadas

2 punhados de salsinha lisa picada, mais extra para decorar

1 colher (sopa) de suco de limão-siciliano

3 berinjelas (cerca de 750 g) aparadas

Para a cobertura

2 ovos médios

300 g de iogurte grego com 2% de gordura

1 colher (sopa) de amido de milho

50 g de queijo parmesão ralado

tomates-cerejas cortados ao meio, cebola roxa bem fatiada e rúcula para servir

sal e pimenta-do-reino preta moída na hora

---

1 Em uma frigideira grande, aqueça 1 colher (sopa) de azeite. Acrescente a cebola e o alho e refogue por 6 a 8 minutos, até começar a dourar. Acrescente a cenoura e refogue por mais 2 minutos. Adicione a carne, desmanchando-a conforme mexe a mistura, e cozinhe em fogo alto sem parar de mexer até a carne perder a cor rosada.

2 Despeje o vinho na panela e cozinhe rapidamente até ter evaporado grande parte do líquido. Acrescente a canela e a pimenta-da-jamaica. Adicione os tomates, o purê de tomate e 1 colher (sopa) de água (misturada com o suco que restou na lata), então mexa para desmanchar os tomates. Tempere com um pouco de pimenta, adicione o orégano e metade da salsinha. Tampe e cozinhe em fogo baixo por 50 minutos, mexendo de vez em quando. Tempere a gosto e misture o restante da salsinha. Neste ponto, o molho pode ser armazenado na geladeira durante a noite.

3 Enquanto a carne cozinha (a menos que esteja fazendo isso com um dia de antecedência), prepare a berinjela. Preaqueça o forno a 200 °C. Pincele um pouco do azeite em 2 assadeiras grandes e misture o restante com o suco do limão. Corte as berinjelas na vertical em fatias de 1 cm de espessura e disponha-as sobre as assadeiras untadas. Pincele-as com a mistura de azeite e limão e tempere com pimenta. Asse por 20 a 25 minutos, até amolecerem; reserve. Reduza a temperatura do forno para 180 °C.

4 Espalhe 2 colheradas grandes da mistura de carne no fundo de um refratário (28 x 20 x 6 cm). Disponha as fatias de berinjela por cima, sobrepondo-as um pouco. Cubra com o restante da mistura de carne.

5 Em uma vasilha, bata os ovos. Em outra vasilha, coloque um pouquinho do iogurte e misture com o amido; em seguida, acrescente o restante do iogurte; mexa. Acrescente essa mistura aos ovos com metade do queijo e mexa. Tempere com pimenta. Espalhe essa mistura sobre a carne, cobrindo-a. Polvilhe por cima o resto do queijo, um pouquinho de canela e a pimenta moída na hora. Asse por 50 minutos a 1 hora, até estar borbulhando e dourar.

6 Deixe a moussaka descansar por 8 a 10 minutos, então, polvilhe com a salsinha picada e corte em quadrados. Sirva com uma salada de tomate, cebola roxa e rúcula.

Para reduzir o teor de gordura, use carne moída com 5% de gordura.

•

Faça a carne render com cenoura.

•

Diminua a quantidade de óleo assando a berinjela em vez de fritá-la.

•

Experimente um molho à base de iogurte no lugar do molho bechamel de queijo.

•

Agregue sabor ao molho da carne com mais pimentas, ervas frescas e vinho, reduzindo assim o sal.

Peixe com fritas e purê de ervilha

Eu estava determinada a transformar este *fast-food* em algo mais saudável sem comprometer sabor e textura – principalmente porque todas as vezes em que perguntava às pessoas o porquê de gostarem tanto deste prato, as características "crocante" e "empanado" sempre eram mencionadas com especial entusiasmo. Para esta versão mais leve, tanto o peixe quanto as batatas são *light* e crocantes, mas não gordurosos.

	Clássica	*Light*
Valor energético	915 kcal	649 kcal
Gorduras totais	36 g	27 g
Gorduras saturadas	11,5 g	4 g
Sal	2,1 g	0,87 g

Por porção: 649 kcal
Proteínas: 41 g; carboidratos: 64 g; gorduras totais: 27 g; gorduras saturadas: 4 g; fibras: 7 g; açúcar: 4 g; sal: 0,87 g

Rendimento: 4 porções
Preparo: cerca de 25 minutos
Cozimento: 40 minutos

Para as batatas fritas
800 g de batatas-inglesas sem casca
2 colheres (sopa) de azeite de oliva

Para as ervilhas
300 g de ervilhas congeladas
1 colher (sopa) de azeite de oliva
2 colheres (chá) de suco de limão-siciliano

Para o peixe
4 filés de mesmo tamanho de hadoque, merluza ou bacalhau fresco, totalizando cerca de 650 g
50 g de farinha de trigo com fermento, mais 1 colher (sopa)
50 g de amido de milho
1 clara de ovo médio
125 ml de água com gás gelada
600 ml de óleo de girassol para fritar
1 limão-siciliano cortado em gomos
sal e pimenta-do-reino preta moída na hora

1 Limpe as batatas, corte-as na vertical em fatias de 1,5 cm de espessura e, então, corte cada fatia em palitos de 1,5 cm de espessura. Coloque os palitos em uma caçarola grande, cubra com água e deixe levantar fervura. Em seguida, cozinhe em fogo baixo por 4 minutos. Escorra, seque no pano de prato e espere esfriar. Isso pode ser feito com 1 ou 2 horas de antecedência.

2 Preaqueça o forno a 220 °C. Espalhe 1 colher (sopa) de azeite de oliva em uma assadeira rasa antiaderente e aqueça por 10 minutos.

3 Transfira as batatas para uma vasilha, junte o restante do azeite e misture com as mãos. Arrume-as em uma única camada sobre a assadeira quente. Asse por 10 minutos, então vire-as do outro lado. Asse por mais 5 minutos e vire-as outra vez. Por fim, asse por mais 5 a 8 minutos, até estarem crocantes. Escorra em papel-toalha.

4 Enquanto as batatas estiverem assando, cozinhe as ervilhas em água fervente por 4 minutos. Coloque-as em uma caçarola e amasse-as de leve com as costas do garfo. Misture o azeite, o suco de limão e a pimenta moída na hora. Tampe e reserve.

5 O peixe também pode ser preparado enquanto as batatas estão no forno. Seque os filés com papel-toalha. Coloque 1 colher (sopa) de farinha no prato e use-a para empanar os filés, tirando o excesso de farinha. Misture o restante da farinha com o amido, uma pitada de sal e um pouco de pimenta. Bata a clara na mão com um fouet, até que fique em ponto de neve mole. Despeje a água na mistura de farinha e mexa rapidamente. A massa não deve ficar completamente lisa. Acrescente a clara em neve e bata de leve, só até misturar. Tente conservar a massa aerada para que fique leve.

6 Coloque o óleo para fritar em uma panela estilo wok, de tamanho médio e fundo triplo. Preaqueça o óleo a 200 °C (use um termômetro para ter certeza de que o óleo esteja na temperatura correta). Frite dois filés de peixe por vez, mergulhando-os na massa e escorrendo o excesso; então, coloque-os no óleo quente com uma colher vazada. Frite por 5 a 6 minutos, certificando-se de que o óleo permaneça a 200 °C. Vire os filés do outro lado na metade do cozimento para que dourem por igual. Retire da panela com uma colher vazada, escorra no papel-toalha e conserve-os quentes. Cheque se o óleo está a 200 °C e repita o mesmo processo com os filés restantes. Reaqueça o purê e sirva com o peixe, as batatas e os gomos de limão.

Conserve as batatas com a casca para aumentar o teor de fibras.

•

Não frite as batatas; asse-as para diminuir a quantidade de gordura.

•

Para fritar o peixe, use uma panela wok antiaderente e escorra bem os filés de peixe e as batatas.

•

Prepare uma massa ao estilo de tempura sem gordura.

•

Sirva com ervilhas e limão para elevar o teor de vitamina C.

Bolinhos de peixe

Sem manteiga e óleo para fritar, é difícil criar uma casquinha dourada e crocante para o bolinho de peixe. No entanto, ao se alterar o método de cocção e usar o forno em vez da frigideira, esta receita é transformada em um jantar saudável e *light* com todo o apelo de uma refeição crocante.

	Clássica	Light
Valor energético	370 kcal	239 kcal
Gorduras totais	17,9 g	5 g
Gorduras saturadas	4,6 g	0,6 g
Sal	1,9 g	0,7 g

Por porção: 239 kcal
Proteínas: 25,8 g; carboidratos: 22,6 g; gorduras totais: 5 g; gorduras saturadas: 0,6 g; fibras: 1,9 g; açúcar: 0,9 g; sal: 0,7 g

Rendimento: 4 porções
Preparo: 35 minutos, mais o tempo para esfriar e gelar
Cozimento: 30 minutos

---

450 g de filés de hadoque sem pele

1 colher (sopa) de óleo de canola, mais extra para untar

300 g de batatas de polpa farinhenta, como a batata-inglesa, cortadas em pedaços de 4 cm

1 colher (sopa) de salsinha picada

2 colheres (sopa) de cebolinha-francesa bem cortada na tesoura

½ colher (chá) de raspas de limão-siciliano bem finas

1 colher (chá) de alcaparras escorridas bem picadas

½ colher (chá) de mostarda Dijon

1 ovo médio

50 g de farinha de rosca de pão branco

1½ colher (chá) de farinha de trigo comum para modelar

sal e pimenta-do-reino preta moída na hora

gomos de limão para servir

---

1. Preaqueça o forno a 200 °C. Pincele um pouquinho de óleo de canola no centro de um pedaço grande de papel-alumínio. Coloque o peixe sobre o papel untado, tempere com pimenta, embrulhe e sele, formando um pacotinho. Disponha sobre uma assadeira e asse por 12 a 15 minutos, até estar cozido. Abra o papel-alumínio e reserve.

2. Enquanto o peixe estiver assando, cozinhe as batatas em água fervente por 10 a 12 minutos ou até estarem macias. Escorra e coloque em uma frigideira antiaderente sem óleo em fogo bem baixo por 1 minuto, até secarem. Em seguida, retire e amasse as batatas com um garfo. Adicione às batatas a salsinha, a cebolinha-francesa, as raspas de limão, as alcaparras e a mostarda. Tempere com pimenta e uma pitada de sal.

3. Escorra o peixe do papel-alumínio e desmanche-o em pedaços grandes. Misture o peixe com cuidado às batatas sem despedaçá-lo. Deixe esfriar.

4. Bata o ovo em um prato grande e espalhe a farinha de rosca em outro prato. Divida a mistura de peixe em quatro. Sobre uma superfície ou tábua um pouco enfarinhada, modele a mistura em quatro bolinhas com cerca de 2,5 cm de espessura. Mergulhe cada uma no ovo, cobrindo-as por inteiro, e, em seguida, empane com a farinha de rosca. Modele e leve para gelar por 20 minutos ou de um dia para o outro.

5. Aqueça o forno a 190 °C. Para cada bolinho, espalhe em formato circular ½ colher (chá) de óleo sobre uma assadeira antiaderente (com laterais para deter o óleo do cozimento). Disponha os bolinhos sobre cada círculo e regue ¼ de colher (chá) de óleo sobre cada um. Asse por 10 minutos e, quando estiverem dourados, vire todos do outro lado e asse por mais 5 a 8 minutos, até estarem dourados também por baixo.

Asse os bolinhos de peixe em vez de fritá-los para reduzir a gordura, e use uma assadeira antiaderente, para não precisar usar quase nada de óleo.

Quiche Lorraine

Manteiga, creme de leite, bacon, ovos, gemas... são todos ingredientes ricos em gordura, e a massa crocante e quebradiça feita com eles é essencial para esta receita. Porém, há maneiras de se equilibrar o tipo certo de gordura e ainda assim obter uma quiche saborosíssima e *light*.

	Clássica	*Light*
Valor energético	525 kcal	272 kcal
Gorduras totais	45 g	17 g
Gorduras saturadas	25 g	6 g
Sal	1,21 g	0,92 g

Por porção: 272 kcal
Proteínas: 13 g; carboidratos: 19 g; gorduras totais: 17 g; gorduras saturadas: 6 g; fibras: 1 g; açúcar: 2 g; sal: 0,92 g

Rendimento: 8 porções
Preparo: 35 minutos, mais o tempo para gelar
Cozimento: 45 a 55 minutos

Para a massa
175 g de farinha de trigo comum, mais extra para polvilhar
6 colheres (sopa) de iogurte grego
4 colheres (sopa) de azeite de oliva extravirgem
1 dente de alho bem triturado

Para o recheio
175 g de presunto magro, sem gordura, de boa qualidade e recém-fatiado na espessura de 1 cm
50 g de queijo gruyère
3 ovos grandes
200 ml de crème fraîche com 50% de gordura (veja página 29)
125 ml de leite integral
1 boa pitada de noz-moscada em pó ou ralada na hora, mais extra para polvilhar
sal e pimenta-do-reino preta moída na hora

1 Para a massa, coloque a farinha em uma vasilha com o iogurte, o azeite de oliva, o alho, uma pitada de sal e uma quantidade generosa de pimenta moída. Usando uma faca de cozinha, misture tudo até formar uma massa, então sove um pouquinho para alisar.

2 Abra a massa o mais fina possível sobre uma superfície um pouco enfarinhada. Forre com ela uma assadeira redonda de 23 cm de diâmetro e 2,5 cm de profundidade com aro removível e borda canelada. Apare o excesso de massa com uma tesoura para que sobre um pouquinho acima da borda, junte as aparas e reserve. Pressione a massa para dentro das reentrâncias da borda. Com um garfo, fure ligeiramente a base da torta e leve para gelar por 10 minutos. Preaqueça o forno a 200 °C e coloque uma assadeira rasa para aquecer.

3 Cubra a massa com papel-alumínio, com o lado brilhante para baixo, disponha feijões secos sobre ele, então leve para assar sobre a assadeira quente por 15 minutos. Retire o alumínio e os feijões, então asse por mais 5 a 7 minutos ou até a massa dourar por igual. Retire do forno e, caso haja alguma fenda na massa, emende com as aparas reservadas.

4 Enquanto isso, prepare o recheio. Corte o presunto em cubos. Corte metade do queijo também em cubos e rale bem o resto. Bata os ovos no garfo, acrescente o crème fraîche e o leite. Tempere com noz-moscada e pimenta.

5 Espalhe o presunto e o queijo na base da torta. Despeje por cima a mistura de ovos e polvilhe com um pouquinho de noz-moscada. Leve a torta para assar e abaixe o fogo para 190 °C. Asse por 25 a 30 minutos ou até firmar e dourar um pouco. Deixe descansar por 5 minutos antes de desenformar. Sirva ainda morna e um pouco firme – fria também é gostosa.

No preparo da massa, use azeite de oliva e iogurte grego no lugar da manteiga e das gemas.

Korma de frango

Meu desafio nesta receita da culinária indiana foi conferir cremosidade sem usar creme de leite, além de me aprofundar nas origens deste prato a fim de encontrar maneiras autênticas de deixá-lo mais leve e mais rico. Pimentas e especiarias são definitivamente uma alternativa saudável.

	Clássica	*Light*
Valor energético	613 kcal	402 kcal
Gorduras totais	34 g	12 g
Gorduras saturadas	20 g	3 g
Sal	0,42 g	0,35 g

Por porção: 402 kcal
Proteínas: 43 g; carboidratos: 33 g; gorduras totais: 12 g; gorduras saturadas: 3 g; fibras: 1 g; açúcar: 7 g; sal: 0,35 g

Rendimento: 4 porções
Preparo: 15 minutos
Cozimento: 45 minutos

---

2 colheres (sopa) de óleo vegetal

2 cebolas médias picadas

5 bagos de cardamomo

3 dentes de alho bem picados

1 pedaço de 2,5 cm de gengibre fresco, sem casca e bem picado

1 pauzinho de canela

600 g de peito de frango sem osso e sem pele, cortado em pedacinhos

2 colheres (chá) de coentro em pó

1½ colher (chá) de garam masala

¼ de colher (chá) de macis em pó

¼ de colher (chá) de pimenta-do-reino preta em pó

150 ml de iogurte natural à temperatura ambiente

100 ml de leite integral

2 pimentas verdes frescas pequenas, sem sementes e picadas

1 punhado de coentro grosseiramente picado, com talos e folhas

1 colher (sopa) de lascas de amêndoas torradas

sal

250 g de arroz basmati cozido com alguns estigmas de açafrão, para servir

---

1 Em uma frigideira funda, aqueça 1 colher (sopa) de óleo e refogue a cebola em fogo médio por 12 a 15 minutos, mexendo de vez em quando, até dourar bem. Enquanto isso, abra os bagos de cardamomo na vertical, de maneira que as sementes fiquem expostas. Retire a cebola do fogo. Transfira um terço dela para um miniprocessador junto com o alho, o gengibre e 2 colheres (sopa) de água. Processe tudo até formar uma pasta homogênea; reserve.

2 Retorne a cebola da panela ao fogo e acrescente o restante do óleo, os bagos de cardamomo e a canela; depois, refogue por 2 minutos. Adicione o frango, o coentro em pó, 1¼ de colher (chá) de garam masala, o macis e a pimenta; depois, refogue por mais 2 minutos. Reserve 3 colheres (sopa) de iogurte e, aos poucos, acrescente o resto, uma colherada de cada vez, mexendo entre cada uma.

3 Acrescente a pasta de cebola à mistura e refogue por 2 a 3 minutos. Adicione 150 ml de água e o leite. Espere levantar fervura, então cozinhe com tampa em fogo baixo por 20 minutos. Nos últimos 5 minutos de cozimento, espalhe por cima a pimenta verde. Retire os bagos de cardamomo e o pauzinho de canela. Os sabores ficam ainda mais apurados se esta mistura for refrigerada de um dia para o outro. Quando for reaquecer em fogo baixo, se preciso, jogue um pouco de água para soltar o molho.

4 Finalize adicionando o coentro picado. Experimente e acrescente um pouquinho de sal, se preferir. Acrescente em movimento circulares o iogurte reservado. Distribua o korma em cumbucas e espalhe por cima as amêndoas torradas e o restante do garam masala. Sirva acompanhado do arroz de açafrão.

Para reduzir a gordura, substitua o creme de leite ou o leite de coco por leite e iogurte.

Lasanha

Tradicionalmente, a lasanha é preparada para ocasiões especiais e pode ser um prato bem substancioso. A massa deve ser aberta bem fininha, formando finas camadas. Já esta versão – mais prática – tem menos camadas, resultando em um efeito similar, porém mais *light*.

	Clássica	*Light*
Valor energético	770 kcal	447 kcal
Gorduras totais	50 g	19 g
Gorduras saturadas	26 g	9 g
Sal	1,99 g	0,96 g

Por porção: 447 kcal
Proteínas: 38 g; carboidratos: 31 g; gorduras totais: 19 g; gorduras saturadas: 9 g; fibras: 4 g; açúcar: 9 g; sal: 0,96 g

Rendimento: 6 porções
Preparo: 35 a 40 minutos
Cozimento: 1h50 minutos

Para o molho de carne

1 colher (sopa) de azeite de oliva
1 cebola picada
2 cenouras médias picadas
3 dentes de alho grandes bem picados
250 g de alcatra sem gordura bem picada
250 g de carne de porco magra moída
100 ml de vinho tinto
2 colheres (sopa) de purê de tomate
400 g de tomates pelados
½ colher (chá) de noz-moscada em pó, mais 1 pitada
1 punhado de folhas de manjericão rasgadas

Para as outras camadas

300 g de folhas de espinafre
1 ovo médio
250 g de queijo ricota
1 punhado de folhas lisas de salsinha picadas
6 folhas grandes de lasanha pré-cozidas
125 g de muçarela, preferencialmente a muçarela de búfala, grosseiramente picada
50 g de queijo parmesão, ralado grosso
200 g de tomates-cerejas
sal e pimenta-do-reino preta moída na hora
folhas de manjericão e folhas verdes de salada para servir

1 Prepare o molho da carne. Aqueça o azeite em uma frigideira grande, acrescente a cebola e refogue por 5 minutos até dourar. Acrescente a cenoura e o alho, então refogue por mais 2 minutos. Adicione as duas carnes, desmanchando o porco com uma colher de pau. Cozinhe em fogo alto até as carnes não estarem mais rosadas e o suco ter evaporado. Despeje o vinho, raspe o fundo da panela conforme mexe a mistura e cozinhe por 1 a 2 minutos, até o líquido ter evaporado um pouco.

2 Em seguida, acrescente o purê de tomate, os tomates e 2 colheres (sopa) de água, então mexa para desmanchar os tomates. Adicione ½ colher (chá) de noz-moscada e um pouco de pimenta; tampe e cozinhe em fogo baixo por 1 hora, mexendo de vez em quando. Experimente, tempere com sal, se necessário, e acrescente o manjericão picado. Neste ponto, o molho pode ser armazenado na geladeira por até um dia.

3 Enquanto isso, prepare as outras camadas. Coloque o espinafre em uma vasilha grande e despeje por cima água fervente. Depois de 30 segundos, transfira o espinafre para um escorredor de macarrão e coloque-o sob água corrente para esfriar. Esprema bem para retirar o excesso de água. Em uma vasilha, bata o ovo e misture com a ricota, a salsinha, uma pitada de noz--moscada e a pimenta.

4 Mergulhe as folhas de lasanha em uma única camada em água fervente por 5 minutos. (Embora, segundo as instruções da embalagem, não seja necessário pré-cozinhar, descobri que embebê-las em água melhora a textura.) Escorra bem. Preaqueça o forno a 200 °C.

5 Esparrame algumas colheradas generosas do molho em um refratário (20 x 28 cm), só para forrar o fundo. Cubra com 2 folhas de lasanha e espalhe por cima metade do molho restante. Cubra com mais 2 folhas de lasanha e espalhe o espinafre por toda a superfície. Cubra com a mistura de ricota e com mais 2 folhas de lasanha. Espalhe por cima o restante do molho e distribua sobre ele a muçarela e o parmesão, cobrindo quase toda a carne. Finalize com o tomate-cereja e um pouco de pimenta e tampe com papel-alumínio, sem apertar demais.

6 Depois de assar por 35 minutos, retire o alumínio e asse por mais 5 a 10 minutos. Deixe descansar um pouco, então polvilhe por cima o manjericão e sirva com salada.

OUTRAS MANEIRAS DE USAR...

O molho de carne
Sirva como molho à bolonhesa sobre um espaguete ou *tagliatelle*.

Substitua a carne moída bovina por carne de porco e alcatra moídas e use menos óleo para diminuir a gordura.

•

Experimente a ricota no lugar do molho bechamel.

•

Use espinafre como uma das camadas da lasanha.

•

Aumente a quantidade de legumes misturando cenoura ao molho de carne e finalizando com tomates.

REFEIÇÕES SAUDÁVEIS E PRAZEROSAS EM FAMÍLIA   57

Refogado de carne de porco

Perfeito para quando se está a dois, o refogado é um dos jantares mais rápidos de se preparar. Escolher o corte de carne certo ajuda a reduzir o teor de gordura – mas ainda há o perigo do sal, caso muito molho de soja seja usado. Descobri várias maneiras de eliminar a gordura e o sal, reduzindo consideravelmente os seus teores sem comprometer o sabor.

	Clássica	Light
Valor energético	348 kcal	230 kcal
Gorduras totais	22,7 g	8,8 g
Gorduras saturadas	6,5 g	1,8 g
Sal	4,1 g	1,3 g

Por porção: 230 kcal
Proteínas: 31,8 g; carboidratos: 6 g; gorduras totais: 8,8 g; gorduras saturadas: 1,8 g; fibras: 3,4 g; açúcar: 2,9 g; sal: 1,3 g

Rendimento: 2 porções
Preparo: 25 minutos
Cozimento: 10 minutos

1 colher (chá) de saquê ou xerez seco
1 colher (sopa) de molho de soja escuro
1 colher (chá) de "5 especiarias chinesas" em pó
½ colher (chá) de amido de milho
250 g de filés de porco sem gordura, cortados em fatias finas de 5 a 7,5 cm de comprimento
5 cebolinhas aparadas
6 aspargos aparados

100 g de pak choi (veja página 22)
85 g de talos de brócolis comum
1 colher (chá) de óleo de amendoim
2 colheres (chá) de gengibre fresco bem picado
2 dentes de alho bem picados
½ colher (chá) de óleo de gergelim
1 colher (chá) de sementes de gergelim torradas
pimenta-do-reino preta moída na hora

1 Em uma travessa, misture o saquê ou o vinho xerez, o molho de soja, o tempero das 5 especiarias, o amido de milho e uma pitada de pimenta moída na hora. Adicione o porco e mexa para cobrir com o tempero, tampe e deixe marinando enquanto prepara os legumes.

2 Corte as cebolinhas e os aspargos em fatias diagonais de 5 cm. Pique o pak choi em pedaços de 2,5 cm e os talos de brócolis em pedaços de 5 cm. Cozinhe os brócolis e o aspargo no vapor por 2 minutos, coloque o pak choi por cima e cozinhe por mais 1 a 1 ½ minuto, até ficar al dente. Retire do vapor.

3 Aqueça uma panela wok ou uma frigideira grande, de preferência antiaderente. Despeje o óleo de amendoim e, quando estiver quente, adicione o porco e refogue por 2 minutos ou até quando estiver quase cozido e tiver começado a dourar. Acrescente a cebolinha, o gengibre e o alho e refogue por mais 2 minutos. Coloque cerca de 125 ml de água para formar um molho e, em seguida, adicione os legumes cozidos no vapor para aquecê-los rapidamente. Se quiser mais molho, acrescente mais um pouco de água. Sirva regado com o óleo de gergelim e polvilhado com as semente de gergelim.

Reduza o teor de sal usando menos molho de soja e adicionando o tempero "5 especiarias chinesas" para conservar o sabor. Para um sabor mais intenso, use o molho de soja escuro misturado com água.

Torta de carne inglesa

Todo mundo gosta da carne e do molho deste prato, além de sua massa aromática e leve. Esta é uma versão mais saudável da torta e, ainda assim, bastante saborosa, apetitosa e nutritiva.

	Clássica	*Light*
Valor energético	683 kcal	373 kcal
Gorduras totais	41 g	14 g
Gorduras saturadas	22 g	5 g
Sal	1,22 g	0,42 g

Por porção: 373 kcal
Proteínas: 33 g; carboidratos: 28 g; gorduras totais: 14 g; gorduras saturadas: 5 g; fibras: 3 g; açúcar: 7 g; sal: 0,42 g

Rendimento: 6 porções
Preparo: 30 minutos
Cozimento: 2h15 minutos

Para o recheio
200 g de rim de carneiro cortado ao meio
1 colher (sopa) de óleo de canola
2 cebolas picadas
2 folhas de louro
4 ramos de tomilho
600 g de carne magra de acém ou de coxão duro cortada em pedaços grandes
100 ml de vinho tinto
2 colheres (chá) de purê de tomate
1 colher (chá) de mostarda inglesa em pó
2 colheres (sopa) de farinha de trigo comum
1 cenoura grande picada
4 cogumelos frescos grandes, com chapéu aberto, cortados em fatias grossas
175 g de champignon cortado em quatro ou na metade, se pequeno
3 colheres (sopa) de salsinha picada

Para a massa
140 g de farinha de trigo comum, mais extra para enfarinhar
1 colher (chá) de folhas de tomilho (opcional)
25 g de manteiga bem gelada (ou congelada)
4 colheres (sopa) de iogurte grego com 2% de gordura
2 colheres (sopa) de azeite de oliva extravirgem
sal e pimenta-do-reino preta moída na hora

1 Corte e descarte os tubos brancos do rim. Lave-o em água fria até a água sair limpa, seque e corte em pedacinhos. Aqueça o óleo em uma caçarola grande ou em uma frigideira funda. Acrescente a cebola, as folhas de louro e os ramos de tomilho; refogue em fogo médio por 8 a 10 minutos, até a cebola dourar bem, mexendo sem parar. Encha uma chaleira de água e leve para ferver.

2 Acrescente a carne e o rim à panela e refogue rapidamente, até perderem a cor rosada. Aumente o fogo, derrame o vinho e raspe o fundo da panela para a deglaçagem. Em seguida, deixe ferver por 2 a 3 minutos, até o líquido ter reduzido ou ter sido absorvido pela carne. Adicione o purê de tomate e o pó de mostarda. Acrescente a farinha e mexa por alguns minutos.

3 Despeje 400 ml de água fervente e continue a mexer até a mistura começar a ferver e a engrossar. Acrescente a cenoura e os cogumelos, abaixe o fogo e tampe. Cozinhe em fogo baixo por cerca de 1 hora, mexendo de vez em quando. Retire a tampa e cozinhe por mais 25 a 30 minutos ou até que a carne esteja bem macia e o molho tenha engrossado um pouco.

4 Tire a panela do fogo e retire as folhas de louro e os ramos de tomilho. Adicione a salsinha, tempere a gosto e transfira a mistura para uma assadeira ou um refratário redondo de 23 cm de diâmetro. Deixe esfriar um pouco. Preaqueça o forno a 200 °C.

5 Enquanto a carne estiver esfriando, prepare a massa. Em uma vasilha, coloque a farinha e o tomilho, se for o caso. Insira a manteiga gelada ou congelada em pedacinhos e faça um orifício no centro. Adicione o iogurte, o azeite, uma pitada de sal e um tanto de pimenta preta moída na hora. Com uma faca de cozinha, misture tudo e acrescente 2 colheres (chá) de água gelada. Com cuidado, junte tudo com as mãos até formar uma massa. Retire da vasilha e trabalhe a massa rapidamente até alisar.

6 Sobre uma superfície ligeiramente enfarinhada, abra a massa em um tamanho um pouco maior do que a assadeira. Arrume a massa sobre a carne e apare as bordas de modo que sobre um pouquinho para fora da fôrma. Faça duas fendas pequenas no centro e as pregas ao longo da borda. Abra as sobras da massa e corte seis losangos no formato de folha. Molhe um dos lados dos losangos e grude-os à massa. Coloque a fôrma sobre uma assadeira e asse por cerca de 25 minutos ou até dourar a torta.

Use carne magra para diminuir a gordura.

•

Prepare uma massa podre com o mínimo de manteiga, acrescentando no lugar azeite de oliva e iogurte.

•

Para o molho, use água no lugar do caldo e incremente o sabor com ervas, vinho, purê de tomate e mostarda em pó para reduzir o sal.

•

Aumente a quantidade de legumes acrescentando cogumelos e cenouras.

Frango crocante

Se você adora consumir comidinhas prontas, ficará impressionado com esta versão *light*. O frango é frito apenas ligeiramente e, em seguida, assado no forno, reduzindo drasticamente a quantidade de gordura. Quanto mais o frango permanecer na marinada de *buttermilk*, mais macio e suculento ficará. Os pedaços de frango crocantes ficam uma delícia acompanhados de uma salada de repolho cru.

	Clássica	*Light*
Valor energético	412 kcal	319 kcal
Gorduras totais	22,7 g	10,5 g
Gorduras saturadas	6 g	1,1 g
Sal	3,5 g	0,7 g

Por porção: 319 kcal

Proteínas: 37,1 g; carboidratos: 18,6 g; gorduras totais: 10,5 g; gorduras saturadas: 1,1 g; fibras: 0,8 g; açúcar: 2,2 g; sal: 0,7 g

Rendimento: 4 porções

Preparo: 15 minutos, mais o tempo para marinar
Cozimento: 25 minutos

150 ml de buttermilk*
2 dentes de alho grandes triturados
4 filés de frango sem osso, sem pele, totalizando 550 g
50 g de farinha de rosca oriental (panko)
2 colheres (sopa) de farinha de trigo com fermento
½ colher (chá) cheia de páprica
¼ de colher (chá) cheia de mostarda inglesa em pó
¼ de colher (chá) cheia de tomilho seco
¼ de colher (chá) de pimenta *chilli* em pó
½ colher (chá) de pimenta-do-reino preta em pó
1 pitada de sal marinho fino
3 colheres (sopa) de óleo de canola
Salada crocante de repolho (veja página 63), para servir

1 Para preparar a marinada, despeje o *buttermilk* em uma travessa grande e acrescente o alho. Corte o frango em pedaços grandes, com cerca de 9,5 cm de comprimento por 3 a 4 cm de largura. Coloque o frango na travessa e vire-o do outro lado para cobrir bem com a marinada. Tampe e leve para gelar por 1 a 2 horas ou, de preferência, durante a noite.

2 Para preparar a mistura que irá empanar o frango, aqueça uma frigideira grande antiaderente e acrescente a farinha panko e a farinha de trigo. Toste-as na frigideira por 2 a 3 minutos, mexendo sem parar para que dourem por igual e não queimem. Transfira essa mistura para uma vasilha e acrescente a páprica, a mostarda, o tomilho, a pimenta *chilli*, a pimenta-do-reino e o sal marinho. Reserve.

* Faça com 1 xícara de leite e 1 colher (sopa) de suco de limão. (N. T.)

3 Na hora de preparar o frango, preaqueça o forno a 230 °C. Forre uma assadeira com papel-alumínio e coloque por cima uma grade (preferencialmente antiaderente). Transfira metade da mistura de farinhas para um saco plástico de tamanho médio. Tire metade do frango da marinada, sem escorrê-la, e coloque no saco com as farinhas temperadas. Feche a boca do saco e dê uma boa chacoalhada para cobrir bem o frango (você pode colocar toda a mistura de farinha e todo o frango no saco de uma vez, se preferir, mas fica mais fácil de empanar se feito em duas etapas).

4 Retire o frango do saco. Aqueça 1 colher (sopa) de óleo em uma frigideira grande antiaderente, então acrescente os pedaços de frango e frite por 1½ minuto sem mexê-los. Vire os pedaços do outro lado, acrescente mais ½ colher (sopa) de óleo para forrar o fundo da frigideira e frite por mais 1 minuto, até que os dois lados comecem a dourar. Com uma pinça culinária, transfira os pedaços para a grade. Repita o procedimento com o restante da mistura de farinha, do óleo e do frango.

5 Asse todo o frango sobre a grade por 15 minutos, até estar cozido e crocante. Sirva acompanhado da salada crocante de repolho (veja a página ao lado).

Para um bom empanado com
baixo teor de gordura, use buttermilk.

•

Use farinha de rosca panko - farelo de pão japonês. Quando seca, essa farinha absorve menos gordura que uma farinha de rosca comum e, quando assada, fica leve e crocante.

REFEIÇÕES SAUDÁVEIS E PRAZEROSAS EM FAMÍLIA 63

Salada crocante de repolho

Salada crocante de repolho é um ótimo acompanhamento para o frango frito comprado, mas não representa a melhor opção em termos de saúde. Esta versão bastante crocante conserva toda a cremosidade, mas sem a maionese.

	Clássica	Light
Valor energético	189 kcal	123 kcal
Gorduras totais	17,3 g	7,2 g
Gorduras saturadas	2,6 g	1,6 g
Sal	1,5 g	0,4 g

Por porção: 123 kcal
Proteínas: 4,1 g; carboidratos: 10,1 g; gorduras totais: 7,2 g; gorduras saturadas: 1,6 g; fibras: 4,7 g; açúcar: 8,7 g; sal: 0,4 g
Rendimento: 4 porções
Preparo: 20 minutos, mais o tempo para gelar e descansar (opcional)

½ cabeça pequena de repolho branco, totalizando 300 g
2 cenouras raladas grosseiramente, totalizando 175 g
6 cebolinhas aparadas e picadas
2 colheres (chá) de óleo de canola
2 colheres (chá) de vinagre de vinho branco
2 colheres (chá) de mostarda em grão
2 colheres (sopa) de iogurte natural
2 colheres (sopa) de crème fraîche com 50% de gordura (veja página 29)
2 colheres (sopa) de suco de laranja
2 colheres (sopa) de sementes de girassol torradas
sal e pimenta-do-reino preta moída na hora

1 Para preparar a salada, corte e descarte o miolo e o caule duro do repolho; em seguida, fatie-o bem. Coloque-o em uma vasilha com a cenoura e a cebolinha, e misture bem. Tempere com a pimenta e uma pitada de sal. Tampe e leve para gelar por 1 a 2 horas (opcional).

2 Em uma vasilha pequena, misture o óleo, o vinagre e a mostarda, em seguida acrescente o iogurte, o crème fraîche e o suco de laranja. Reserve.

3 Na hora de servir, regue a salada com o molho, acrescente as sementes de girassol e misture bem. Deixe a salada de repolho descansar por 10 a 15 minutos para incorporar bem os sabores.

Torrar as sementes e acrescentar mostarda ao molho confere sabor extra à salada de repolho, reduzindo o uso do sal.

Macarrão com queijo

Preparar macarrão com queijo requer um pouco de malabarismo, por isso é interessante fazer o preparo de algumas etapas com antecedência. Encontrei novas maneiras de deixar este prato mais leve, as quais reduziram o teor de gordura pela metade, mas conservaram todo o sabor.

	Clássica	Light
Valor energético	821 kcal	503 kcal
Gorduras totais	43 g	19 g
Gorduras saturadas	26 g	11 g
Sal	1,98 g	1,15 g

Por porção: 503 kcal
Proteínas: 26 g; carboidratos: 62 g; gorduras totais: 19 g; gorduras saturadas: 11 g; fibras: 3 g; açúcar: 14 g; sal: 1,15 g

Rendimento: 4 porções
Preparo: 30 minutos
Cozimento: 35 minutos

550 ml de leite semidesnatado

25 g de amido de milho

1 colher (chá) cheia de mostarda inglesa em pó

1 dente de alho grande bem picado

1 pitada generosa de pimenta vermelha seca e triturada

140 g de queijo cheddar curado

25 g de queijo parmesão

25 g de farelo de pão fresco

450 g de mistura de tomates-cerejas e tomates-italianos

1 maço de cebolinha aparada

200 g de macarrão tipo caracol

150 ml de buttermilk (veja página 60)

sal e pimenta-do-reino preta moída na hora

1 Misture 3 colheres (sopa) do leite com o amido de milho e a mostarda. Reserve. Aqueça o restante do leite com o alho até quase ferver. Retire do fogo, polvilhe com a pimenta triturada e deixe em infusão enquanto prepara o resto dos ingredientes.

2 Rale grossamente os dois queijos, separadamente. Misture um punhado do cheddar ao farelo de pão com uma pitada de pimenta-do-reino. Corte os tomates-italianos em fatias grossas e os tomates-cerejas ao meio. Pique bem a cebolinha. Preaqueça o forno a 190 °C.

3 Ferva uma panela com água, acrescente o macarrão e mexa uma vez para que não grude. Cozinhe por 6 minutos ou conforme instruções da embalagem, mexendo de vez em quando. Adicione a cebolinha e cozinhe por mais 2 minutos. Enquanto isso, prepare o molho. Adicione o leite morno à mistura de amido. Retorne a panela ao fogo e deixe levantar fervura, mexendo até engrossar e ficar bem homogêneo. Retire do fogo e acrescente à mistura o queijo parmesão, quase todo o queijo cheddar e um pouco de pimenta para temperar; por fim, adicione o buttermilk.

4 Passe o macarrão por um escorredor e coloque-o sob água corrente para que não grude. Escorra bem, misture o molho ao macarrão e coloque em um refratário (30 x 20 cm). Distribua sobre ele os tomates e, em seguida, o farelo de pão misturado ao queijo, o restante do queijo cheddar e finalize com uma pitada de pimenta. Asse por cerca de 15 minutos até começar a borbulhar nas bordas. Grelhe por mais 5 minutos até dourar bem e a superfície estar crocante. Antes de servir, deixe descansar por alguns minutos para assentar.

Reduza a quantidade de gordura preparando um molho sem manteiga, usando menos queijo curado, combinando-o com queijo parmesão para conservar o sabor, e substituindo parte do leite por buttermilk ultralight.

Torta de frango

É difícil resistir à tentação de uma clássica torta de frango com seu recheio cremoso e sua casca amanteigada de massa podre ou folhada. Esta versão *light* possui todas as características que conferem suculência, bem-estar e prazer, porém de maneira bem mais saudável.

	Clássica	*Light*
Valor energético	794 kcal	320 kcal
Gorduras totais	51,3 g	10,4 g
Gorduras saturadas	29,3 g	3,6 g
Sal	2,15 g	1,37 g

Por porção: 320 kcal
Proteínas: 34 g; carboidratos: 22 g; gorduras totais: 10,4 g; gorduras saturadas: 3,6 g; fibras: 3 g; açúcar: 7 g; sal: 1,37 g

Rendimento: 4 porções
Preparo: 30 minutos, mais o tempo para esfriar
Cozimento: 45 a 50 minutos

Para o recheio
450 ml de caldo de frango em cubos
100 ml de vinho branco seco
2 dentes de alho bem picados
3 ramos de tomilho
1 ramo de estragão, mais 1 colher (sopa) de folhas de estragão picadas
225 g de cenouras cortadas em palitos grossos
4 peitos de frango sem osso e sem pele, totalizando 500 g
225 g de alho-poró aparado, limpo e fatiado
2 colheres (sopa) de amido de milho misturado com 2 colheres (sopa) de água
3 colheres (sopa) de *crème fraîche* (veja página 29)
1 colher (chá) cheia de mostarda Dijon
1 colher (sopa) cheia de folha de salsinha picada

Para a cobertura
3 folhas de massa filo (38 x 30 cm cada), totalizando 70 g
1 colher (sopa) de óleo de canola
pimenta-do-reino preta moída na hora

1 Despeje o caldo de frango e o vinho em uma frigideira grande. Acrescente o alho, o tomilho, o ramo de estragão e as cenouras, e leve para ferver. Em seguida, diminua o fogo e cozinhe por 3 minutos em fogo baixo. Mergulhe o frango no caldo, moa um pouco de pimenta por cima, tampe e cozinhe por 5 minutos. Espalhe as fatias de alho-poró sobre o frango, tampe de novo e cozinhe em fogo baixo por mais 10 minutos, assim o alho-poró cozinhará no vapor enquanto o frango fica pronto. Retire do fogo e deixe o frango descansar no caldo por cerca de 15 minutos para conservá-lo suculento enquanto esfria um pouco.

2 Peneire o caldo em uma jarra – deve render 500 ml; caso não atinja esse volume, complete com água. Em um refratário redondo de 1,5 litro, misture o frango com os vegetais e descarte os ramos de ervas.

3 Retorne o caldo à frigideira e acrescente a mistura de amido de milho aos poucos. Volte a panela ao fogo e espere levantar fervura, mexendo de vez em quando, até engrossar. Retire do fogo e acrescente o *crème fraîche*, a mostarda, o estragão e a salsinha. Tempere com pimenta. Preaqueça o forno a 200 °C.

4 Desmanche ou corte o frango em tiras grandes. Despeje o molho sobre a mistura de frango e mexa bem.

5 Corte cada folha de massa em quatro quadrados ou retângulos. Arrume-os sobre o recheio, pincelando cada um com o óleo de canola. Faça suaves pregas na massa para que não fique completamente lisa, e enfie as pontas nas laterais do prato ou coloque-as sobre a borda do refratário, se for o caso. Moa um pouco de pimenta por cima, coloque o refratário sobre uma assadeira rasa e asse por 20 a 25 minutos, até a massa dourar e o molho borbulhar. Sirva imediatamente.

OUTRAS MANEIRAS DE USAR...
O recheio
Sirva sem a massa, acompanhado de arroz, ou misture-o com macarrão cozido para um jantar divertido em família.

A massa filo
Use como cobertura de torta de peixe, de maçã ou de outra fruta, no lugar de uma massa rica em gordura, como a folhada ou a massa podre.

Para reduzir gordura, use peito de frango sem pele no lugar de coxas.

•

Dê uma levantada no sabor cozinhando o frango no caldo com um pouco de vinho, alho e ervas aromáticas.

•

Acrescente o maior número possível de legumes.

•

Misture amido de milho ao caldo aromático para preparar e engrossar o caldo. Para ficar bem cremoso, substitua o creme de leite em lata por um pouco de crème fraîche.

Torta de cordeiro com batata

Esta torta é feita com carne de cordeiro moída em vez de carne bovina ou suína, ou seja, é um pouco mais rica em gordura, por isso usei a carne mais magra que encontrei. Substituir parte da carne por lentilhas realmente transforma esta receita.

	Clássica	*Light*
Valor energético	666 kcal	429 kcal
Gorduras totais	38 g	12 g
Gorduras saturadas	20 g	4 g
Sal	1 g	0,91 g

Por porção: 429 kcal

Proteínas: 22 g; carboidratos: 63 g; gorduras totais: 12 g; gorduras saturadas: 4 g; fibras: 11 g; açúcar: 15 g; sal: 0,91 g

Rendimento: 4 porções

Preparo: 25 minutos
Cozimento: 1h25 a 1h30

Para o recheio

1 colher (sopa) de óleo de canola

1 cebola picada

3 a 4 raminhos de tomilho

2 cenouras cortadas em cubinhos, totalizando 300 g

250 g de carne de cordeiro moída com 10% de gordura

1 colher (sopa) de farinha de trigo comum

1 colher (chá) de caldo de legumes concentrado para preparar 350 ml de caldo com água fervente

225 g de tomates picados

1 colher (sopa) de purê de tomate

400 g de lentilhas verdes enlatadas sem sal e sem caldo

1 colher (chá) de molho inglês

Para a cobertura

650 g de batatas-inglesas picadas grosseiramente

250 g de batatas-doces picadas grosseiramente

2 colheres (sopa) de crème fraîche com 50% de gordura (veja página 29)

1 colher (sopa) de leite semidesnatado

pimenta-do-reino preta moída na hora

1 Aqueça o óleo em uma frigideira funda e grande. Acrescente a cebola e os raminhos de tomilho, e refogue por 2 a 3 minutos. Em seguida, adicione a cenoura e refogue por 5 a 8 minutos, mexendo de vez em quando até os legumes começarem a dourar. Acrescente à mistura a carne moída e mexa para desmanchá-la. Refogue por 1 a 2 minutos, até a carne perder a cor rosada. Acrescente a farinha, raspando o fundo da panela para que a carne não grude, e cozinhe por mais 1 a 2 minutos. Despeje o caldo e mexa até engrossar. Acrescente o tomate, o purê de tomate, as lentilhas e o molho inglês; tempere com pimenta. Abaixe o fogo e cozinhe com a panela tampada por 45 minutos em fogo baixo, mexendo de vez em quando.

2 Enquanto isso, prepare a cobertura. Coloque toda a batata em uma panela grande com água fervente. Retorne a panela à fervura, abaixe o fogo e cozinhe em fogo baixo por 12 a 15 minutos ou até as batatas estarem macias. Passe por um escorredor de macarrão e devolva as batatas à panela. Amasse com um amassador de batata ou processe-as rapidamente em um mixer elétrico até homogeneizar. Acrescente o crème fraîche e o leite; mexa com uma colher de pau até a mistura ficar clara e fofa. Preaqueça o forno a 200 °C.

3 Com uma colher, espalhe a carne em um refratário de 1,5 litro e descarte os raminhos de tomilho. Cubra com o purê de batata e alise com uma faca. Use um garfo para desenhar sulcos por toda a superfície. Coloque o refratário sobre uma assadeira rasa e leve para assar por cerca de 20 a 25 minutos, até ferver e o recheio começar a borbulhar na borda. Se a superfície ainda não estiver dourada, coloque a torta em uma grelha preaquecida por 5 minutos ou até o purê dourar e estar crocante. Deixe descansar por 5 minutos e sirva.

Use carne moída magra para reduzir gorduras totais, e óleo de canola para reduzir gorduras saturadas.

Pizza margherita

Assim como em muitas comidas cuja base é o pão, é no recheio que a gordura pode se acumular, principalmente a saturada. Mesmo com a simples e clássica pizza margherita, o maior culpado pela gordura é o queijo. Com menos sova (graças ao método que o escritor de gastronomia Dan Lepard me ensinou) e com algumas pequenas alterações, esta versão da pizza possui menos gordura e sal, mas ainda muito sabor.

	Clássica	Light
Valor energético	601 kcal	498 kcal
Gorduras totais	23,3 g	13,5 g
Gorduras saturadas	12 g	6,6 g
Sal	2,8 g	1,7 g

Por porção: 498 kcal
Proteínas: 19,6 g; carboidratos: 73,7 g; gorduras totais: 13,5 g; gorduras saturadas: 6,6 g; fibras: 3,9 g; açúcar: 5,6 g; sal: 1,7 g

Rendimento: 2 pizzas
(cada pizza rende 2 porções)

Preparo: 20 minutos, mais o tempo para a massa crescer e descansar
Cozimento: 15 minutos por pizza

Para a massa
350 g de farinha branca de trigo duro, mais extra para polvilhar
25 g de semolina, preferencialmente sêmola grossa, mais 1 colher (chá)
1 colher (chá) de sal
7 g de fermento seco instantâneo
3 colheres (chá) de azeite de oliva

Para o recheio
400 g de tomates pelados enlatados
3 dentes de alho bem picados
1 colher (sopa) de purê de tomate
2 punhados de folhas de manjericão
50 g de queijo muçarela
200 g de queijo ricota
200 g de tomates-cerejas cortados ao meio
25 g de folhas de rúcula
2 colheres (sopa) de queijo parmesão ralado
sal e pimenta-do-reino preta moída na hora

1 Misture em uma vasilha grande a farinha, a semolina, o sal e o fermento. Despeje 2 colheres (chá) de azeite em cerca de 275 ml de água; misture tudo com as mãos, acrescentando mais um pouco de água para hidratar qualquer pedacinho seco que tenha sobrado no fundo da vasilha. A massa deve ficar bem grudenta. Quando acabar de misturar, cubra-a e deixe descansar por 15 minutos.

2 Transfira a massa para uma superfície um pouco enfarinhada e sove-a apenas doze vezes. Modele no formato circular e retorne à vasilha. Cubra e deixe descansar por 10 minutos. Repita a sova e o descanso de 10 minutos. Então, sove uma última vez e deixe descansar por 15 minutos.

3 Enquanto a massa estiver descansando, prepare o recheio. Peneire os tomates enlatados e recolha o suco em uma vasilha. Coloque os tomates em outra vasilha e corte-os em pedaços pequenos com uma tesoura. Acrescente o alho, o purê de tomate, um pouco de pimenta e uma pitada de sal; misture. Reserve. Forre uma assadeira rasa com papel-manteiga e polvilhe com ½ colher (chá) da semolina restante. Preaqueça o forno a 240 °C.

4 Corte a massa ao meio. Conserve metade na vasilha e sove um pouco a outra parte sobre uma superfície levemente enfarinhada. Abra a massa em um círculo de 28 cm de diâmetro, dando-lhe o formato circular ao mesmo tempo em que você a abre com o rolo, se assim for mais fácil. Se a massa estiver grudando, passe um pouquinho do óleo restante sobre a superfície de trabalho para que se prenda melhor. Transfira a massa para a assadeira enrolada ao rolo de macarrão, se assim for mais fácil.

5 Espalhe metade do molho de tomate sobre a massa, até quase a borda. Cubra com um punhado das folhas de manjericão rasgadas em pedaços. Espalhe por cima metade da muçarela cortada e, em seguida, distribua bolinhas de ricota por toda a volta com uma colher. Finalize com metade do tomate-cereja e tempere com pimenta. Asse por 15 minutos até a massa dourar, ficar crocante e o recheio estar borbulhando. Repita o mesmo processo com a outra metade da massa e do recheio. Sirva as pizzas decoradas com as folhas de rúcula, o queijo parmesão e um fio do óleo restante (cerca de ½ colher [chá] sobre cada uma).

DICAS

- O sal foi um pouco reduzido na massa, mas vale notar que quando se reduz demais, a massa perde vida. Para uma boa textura e uma massa ativa, faz-se necessário uma certa quantidade de sal.
- A semolina é acrescentada para conferir autenticidade à receita e para enriquecer a massa e dar-lhe elasticidade.
- Se você quiser aumentar a fibra da massa, substitua 100 g da farinha de trigo duro por farinha de trigo duro integral.

Para eliminar o óleo do cozimento, faça um molho de tomate que não vai ao fogo.

•

Espalhe sobre a pizza uma quantidade extra de tomate e de rúcula para incrementar as 5 porções diárias de frutas, legumes e verduras.

•

Diminua a gordura substituindo parte da muçarela por ricota.

•

Para assar, use uma assadeira rasa forrada com papel-manteiga, assim não será preciso untá-la com óleo.

Hambúrgueres com molho de pimentão assado

Hambúrgueres podem apresentar alto teor de gordura, mas a culpa não é apenas da carne. É também dos extras que gostamos de adicionar – como o queijo, o ketchup e a maionese. Esta receita é menos gordurosa sem diminuir a experiência deliciosa de se comer um hambúrguer.

	Clássica	Light
Valor energético	604 kcal	405 kcal
Gorduras totais	39,7 g	15,4 g
Gorduras saturadas	12,7 g	5 g
Sal	2 g	1,44 g

Por porção: 405 kcal

Proteínas: 32 g; carboidratos: 37 g; gorduras totais: 15,4 g; gorduras saturadas: 5 g; fibras: 35 g; açúcar: 10 g; sal: 1,44 g

Rendimento: 4 porções

Preparo: 25 minutos, mais o tempo para esfriar e gelar
Cozimento: 45 a 50 minutos

Para os hambúrgueres

400 g de carne bovina moída com 10% de gordura

5 cebolinhas aparadas e picadas

140 g de cenoura bem ralada

2 dentes de alho bem picados

2 colheres (chá) de mostarda Dijon

1 colher (sopa) de estragão picado

1 ovo médio batido

4 pãezinhos integrais divididos ao meio

1½ colher (chá) de óleo de canola

25 g de agrião

Para o molho de pimentão assado

2 pimentões vermelhos grandes cortados ao meio na horizontal, sem miolo e sementes

100 g de tomates-cerejas pelados ou tomates pelados, cortados ao meio

2 colheres (chá) de suco de limão-taiti

2 colheres (chá) de cebolinha-francesa bem cortada na tesoura

¼ de cebola roxa pequenininha bem picada

1 pitada de pimenta vermelha seca e triturada

sal e pimenta-do-reino moída na hora

1 Coloque a carne moída em uma vasilha com a cebolinha, a cenoura ralada, o alho, a mostarda, o estragão e o ovo. Misture bem usando um garfo. Tempere com pimenta-do-reino e uma pitada de sal; em seguida, divida a mistura em quatro partes iguais. Com as mãos, modele cada pedaço em círculos achatados de 10 cm de diâmetro e 2 cm de espessura. Leve para gelar por cerca de 30 minutos. Os hambúrgueres podem ser preparados também com um dia de antecedência: forme uma pilha com eles e coloque papel-manteiga entre cada um para que não grudem, embrulhe em papel-filme e leve para gelar até a hora de prepará-los.

2 Enquanto isso, preaqueça o forno a 200 °C. Disponha os pimentões, com a parte cortada para baixo, sobre uma assadeira rasa antiaderente. Asse por 35 minutos até a casca chamuscar. Coloque os tomates ao lado dos pimentões, com a face voltada para cima, e asse por mais 3 minutos, até amolecerem um pouco. Retire do fogo e transfira os pimentões imediatamente para uma vasilha pequena, então cubra com papel-filme. Deixe descansar por 5 a 10 minutos, até estarem frios para o manuseio.

3 Para preparar o molho, tire a casca dos pimentões, pique e retorne-os à vasilha para aproveitar todo o suco. Pique também os tomates e misture-os aos pimentões com o suco do limão, a cebolinha, a cebola e as pimentas trituradas. Se necessário, tempere com pimenta-do-reino. Reserve. O molho pode ser feito com 1 a 2 dias de antecedência e refrigerado.

4 Aqueça uma frigideira grill ou asse os hambúrgueres na churrasqueira. Coloque os pãezinhos na frigideira com o lado cortado para baixo e grelhe até estarem marcados com as ondulações da panela. Pincele um pouco do óleo de canola em um dos lados dos hambúrgueres. Coloque-os sobre a frigideira quente com a face untada para baixo. Frite, sem mexer neles para que não grudem, por 5 minutos, até estarem ao ponto. Pincele a outra face com o restante do óleo, vire-os do outro lado e frite por mais 5 minutos. (Se preferir bem passado, acrescente 1 ou 2 minutos para cada lado.)

5 Retire do fogo e deixe os hambúrgueres descansarem por 2 a 3 minutos. Para umedecer, regue a base dos pãezinhos com o suco dos pimentões, coloque por cima um pouco de agrião e cubra com um hambúrguer. Adicione uma boa colherada do molho e espalhe por cima um pouco mais do suco. Feche com a outra metade do pãozinho.

OUTRAS MANEIRAS DE SE USAR...

A mistura de carne

Modele-a no formato de almôndegas e sirva com espaguete e molho de tomate. Ou, no lugar da mostarda e do estragão, use 1 colher (sopa) de hortelã picada e de orégano e sirva com pão sírio acompanhado de tomate, pepino e iogurte natural.

O molho

Sirva como acompanhamento de um churrasco de peixe ou de frango ou sirva na bruschetta, sobre fatias de pão francês grelhado e untado com um pouco de azeite.

Reduza a gordura usando carne moída magra e acrescentando cenoura ralada à mistura.

•

Pincele o óleo na carne em vez de na panela, para que a quantidade usada seja mínima.

•

Tempere com mostarda, alho e estragão, reduzindo assim a quantidade de sal.

•

Aumente a quantidade de legumes e de vitamina C acrescentando cenoura à mistura de carne. Use pimentão vermelho e tomates no molho e substitua a alface comum pelo agrião.

Torta de cebola

Por tradição, a massa deste prato leva bastante manteiga e gordura, as cebolas são fritas no óleo e na manteiga e são usados muito creme de leite e ovos. A fim de mudar tudo isso, usei a massa do *scone* – bolinho inglês feito de farinha, cevada ou aveia –, que tem menos gordura.

	Clássica	*Light*
Valor energético	604 kcal	309 kcal
Gorduras totais	49,7 g	16,6 g
Gorduras saturadas	26,8 g	7,4 g
Sal	0,97 g	0,84 g

Por porção: 309 kcal

Proteínas: 9 g; carboidratos: 33 g; gorduras totais: 16,6 g; gorduras saturadas: 7,4 g; fibras: 2 g; açúcar: 8 g; sal: 0,84 g

Rendimento: 6 porções

Preparo: 25 minutos
Cozimento: 45 a 50 minutos

Para o recheio

2 cebolas roxas grandes cortadas ao meio na horizontal, totalizando 550 g

2 colheres (sopa) de óleo de canola

2 ovos médios

200 ml de *crème fraîche* com 50% de gordura (veja página 29)

1 colher (chá) de folhas de tomilho

1 colher (chá) de mostarda Dijon

25 g de queijo gruyère ralado

Para a base

175 g de farinha de trigo com fermento, mais extra para polvilhar

25 g de manteiga gelada cortada em pedacinhos

100 g de iogurte natural

4 colheres (sopa) de leite semidesnatado

sal e pimenta-do-reino preta moída na hora

salada verde para servir

1 Corte a cebola em gomos pequenos e finos. Em uma frigideira grande antiaderente ou em uma frigideira funda, aqueça o óleo. Acrescente a cebola e refogue em fogo médio por cerca de 20 minutos. Mexa somente um pouco para não interferir no cozimento e para que a cebola caramelize na base. Estará pronta quando bem caramelizada e melada.

2 Enquanto isso, prepare a base. Preaqueça o forno a 190 °C e acomode dentro uma assadeira rasa. Coloque a farinha e a manteiga em uma vasilha com uma pitada de sal e desmanche com os dedos a manteiga, até a mistura se assemelhar a uma farofa. Misture o iogurte com o leite e despeje esse líquido sobre a mistura de farinha. Trabalhe a mistura rapidamente até formar uma massa. Retire da vasilha e sove-a ligeiramente, dando-lhe um formato circular. Não a trabalhe demais.

3 Sobre uma superfície ligeiramente enfarinhada, abra a massa em espessura fina e use-a para forrar uma fôrma de 23 cm de diâmetro e 2,5 cm de profundidade, com aro removível e canelado, pressionando a massa com os dedos para dentro das pregas. Se a massa estiver um pouco grudenta, enfarinhe os dedos.

4 Bata os ovos em uma vasilha média, acrescente o *crème fraîche*, o tomilho, a mostarda e os temperos. Com uma colher, esparrame metade da cebola na base da torta, tempere com pimenta e polvilhe com metade do queijo. Cubra com a mistura de ovos e espalhe por cima o restante da cebola e do queijo. Coloque a fôrma na assadeira quente e asse por 25 a 30 minutos, até a base e o recheio estarem cozidos. Retire do fogo e deixe esfriar por cerca de 10 minutos; em seguida, desenforme e sirva a torta enquanto ainda estiver fresca e morna, acompanhada de salada verde.

No lugar de uma massa podre amanteigada, forre a fôrma de torta com a base do scone, que tem menos gordura.

Frango tikka masala

O tikka masala precisa ser preparado com um certo grau de autenticidade, usando alguns ingredientes-chave, como o creme de leite e a manteiga. Esta receita consegue ser bastante saborosa ao mesmo tempo em que apresenta um teor de gordura bem menor comparado à versão clássica.

	Clássica	*Light*
Valor energético	566 kcal	515 kcal
Gorduras totais	40 g	10 g
Gorduras saturadas	13 g	2 g
Sal	2,11 g	0,3 g

Por porção: 515 kcal (com arroz)
Proteínas: 47 g; carboidratos: 58 g; gorduras totais: 10 g; gorduras saturadas: 2 g; fibras: 5 g; açúcar: 7 g; sal: 0,3 g

Rendimento: 4 porções
Preparo: 35 minutos, mais o tempo para marinar e hidratar
Cozimento: 35 minutos

Para a marinada
1 pedaço de 5 cm de gengibre fresco sem casca
4 dentes de alho grandes sem casca
3 colheres (sopa) de iogurte natural
2 colheres (chá) de suco de limão-taiti
1 colher (sopa) de folhas de coentro bem picadas
½ colher (chá) de garam masala
½ colher (chá) de páprica
¼ de colher (chá) de açafrão-da-terra
¼ a ½ colher (chá) de pimenta chilli em pó
1 colher (chá) de cominho em pó
1 colher (chá) de semente de coentro
½ colher (chá) de semente de feno-grego
600 g de peito de frango sem osso e sem pele, cortado em pedaços de 4 cm

Para o molho
2 colheres (sopa) de óleo de canola
2 cebolas divididas ao meio na horizontal e cortadas em gomos finos
½ colher (chá) de páprica
½ colher (chá) de açafrão-da-terra
½ colher (chá) de garam masala
¼ de colher (chá) de pimenta *chilli* em pó (opcional)
2 colheres (sopa) de purê de tomate
2 colheres (sopa) de iogurte natural

Para o arroz
250 g de arroz basmati
200 g de ervilhas congeladas
sal
folhas frescas de coentro e gomos de limão-taiti, para servir

1 Para a marinada, rale bem fino o gengibre e o alho (você deve obter 1 colher [sopa] de cada); misture-os. Coloque metade dessa mistura em uma vasilha média e acrescente o iogurte, o suco do limão, o coentro picado, o garam masala, a páprica, o açafrão-da-terra e a pimenta chilli em pó; mexa.

2 Aqueça uma frigideira de fundo triplo pequena, acrescente o cominho, as sementes de coentro e de feno-grego e toste até liberarem o seu perfume e começarem a pular na panela. Retire do fogo e moa com um pilão até obter um pó.

3 Adicione metade das especiarias em pó à mistura de iogurte (reserve o restante para o molho). Misture os pedaços de frango nesse iogurte apimentado até cobri-los bem. Tampe e deixe marinar por pelo menos 30 minutos ou de um dia para o outro na geladeira. Enquanto isso, embeba oito espetos de madeira em água gelada por pelo menos 30 minutos.

4 Enquanto o frango estiver marinando, prepare o molho. Aqueça o óleo em uma caçarola grande, acrescente a cebola e refogue em fogo médio por cerca de 10 minutos, mexendo de vez em quando, até amolecer e começar a dourar. Adicione o restante da mistura de gengibre e alho e refogue por mais 2 minutos.

5. Adicione à cebola e às especiarias em pó a páprica, o açafrão-da-terra, o garam masala e a pimenta em pó, caso opte por usá-la. Cozinhe por 1 minuto, mexendo para raspar o fundo da panela e retirar todos os pedacinhos de alimento que ficarem grudados. Acrescente o purê de tomate e cerca de 150 ml de água. Cozinhe por 1 minuto. Transfira com cuidado para um liquidificador ou um processador de alimentos. Bata até obter uma mistura grossa e bem lisa. Retorne à panela, acrescente mais 150 ml de água e reserve. O molho pode ser preparado com um dia de antecedência. Mergulhe o arroz em água fria por até 30 minutos.

6. Preaqueça uma grelha em fogo alto. Enfie o frango nos espetos hidratados e escorridos, e arrume-os sobre a borda de uma assadeira rasa forrada com papel-alumínio, de modo que fiquem um pouco inclinados. Grelhe por 12 a 15 minutos, virando do outro lado até o frango estar bem cozido e levemente chamuscado nas bordas.

7. Enquanto isso, escorra o arroz e coloque-o em uma caçarola com 375 ml de água. Leve para ferver e cozinhe em fogo baixo, com tampa, por 8 minutos. Retire do fogo e deixe tampado por 5 minutos. Cozinhe a ervilha em água fervente por 3 minutos e escorra. Solte o arroz com um garfo, acrescente as ervilhas e misture.

8. Na hora de servir, reaqueça o molho, incorporando todo o suco do cozimento do frango e um pouco mais de água, caso seja necessário dilui-lo (o molho deve ficar bem espesso). Retire do fogo, acrescente o iogurte e tempere com uma pitada de sal. Sirva os espetos de frango com o arroz e decore com as folhas de coentro e os gomos de limão.

Elimine o creme de leite e a manteiga e use iogurte natural no lugar para reduzir a quantidade de gordura.

•

Dê uma levantada no sabor torrando algumas das especiarias - e dosando outras com cuidado - em vez de acrescentar sal.

•

Use óleo de canola para diminuir as gorduras saturadas.

REFEIÇÕES SAUDÁVEIS E PRAZEROSAS EM FAMÍLIA 83

Frango à cacciatore

Uma receita clássica italiana, que traduzida significa "frango à caçador". Este prato é tradicionalmente preparado com o frango todo desossado, pancetta e uma boa dose de azeite de oliva. Tudo delicioso, mas também com alto teor de gordura. Com algumas pequenas alterações, que não afetam o sabor almejado, gorduras e calorias foram drasticamente reduzidas.

	Clássica	*Light*
Valor energético	620 kcal	262 kcal
Gorduras totais	40,3 g	6,2 g
Gorduras saturadas	11,5 g	1,3 g
Sal	1,6 g	1 g

Por porção: 262 kcal
Proteínas: 38,7 g; carboidratos: 6,9 g; gorduras totais: 6,2 g; gorduras saturadas: 1,3 g; fibras: 2,7 g; açúcar: 5,2 g; sal: 1 g

Rendimento: 4 porções
Preparo: 15 minutos
Cozimento: 50 minutos

- 1 colher (sopa) de azeite de oliva
- 3 fatias de prosciutto sem o excesso de gordura
- 1 cebola média picada
- 2 dentes de alho bem picados
- 2 raminhos de sálvia
- 2 raminhos de alecrim
- 4 peitos de frango sem osso e sem pele, preferencialmente orgânico, totalizando 550 g
- 150 ml de vinho branco seco
- 400 g de tomates pelados enlatados com o suco
- 1 colher (sopa) de purê de tomate
- 225 g de cogumelos-de-paris, aparados e cortados em quatro partes ou ao meio, se pequenos
- 1 punhado pequeno de salsinha de folha lisa picada
- sal e pimenta-do-reino preta moída na hora

1. Aqueça o azeite em uma frigideira grande antiaderente. Adicione o prosciutto e frite-o por cerca de 2 minutos até ficar crocante; em seguida, retire-o da panela com uma colher vazada, escorrendo toda a gordura para a frigideira. Reserve. Acrescente à frigideira a cebola, o alho e os raminhos de sálvia e de alecrim; refogue-os por 3 a 4 minutos, até a cebola começar a amolecer.

2. Espalhe a cebola no fundo da frigideira, formando uma "cama", e coloque os peitos de frango por cima, com o lado da pele para baixo. Tempere com pimenta e refogue por 5 minutos em fogo médio, virando a carne do outro lado uma vez, até que comece a dourar nos dois lados e a cebola esteja caramelizada no fundo da panela. Aumente o fogo, mexa rapidamente e, quando começar a escutar um chiado, acrescente o vinho e deixe ferver por 2 minutos, até reduzir um pouco.

3. Em fogo médio, retorne o prosciutto à frigideira e acrescente o tomate (desmanchando-o com a colher), o purê de tomate e o cogumelo. Encha a lata vazia de tomate com 4 ou 5 colheres (sopa) de água, limpe as bordas da lata com ela e adicione à frigideira. Tampe e cozinhe em fogo baixo por 30 minutos ou até o frango estar bem cozido. Destampe e cozinhe por mais 5 minutos para que o molho engrosse um pouco. Tempere com pimenta e uma pitada de sal. Sirva decorado com a salsinha.

Escolha peitos de frango magros, sem pele, e troque a pancetta ou o bacon pelo prosciutto, para reduzir as gorduras totais e saturadas.

RECEBER OS CONVIDADOS
DE UM JEITO *LIGHT*

Frango ao curry verde tailandês

Fresco e aromático, o verdadeiro curry tailandês apresenta uma mistura bem equilibrada dos sabores picante, azedo, doce e salgado, tendo o leite de coco como ingrediente essencial. Assim, o objetivo desta receita é alcançar essas características usando ingredientes e métodos saudáveis.

	Clássica	*Light*
Valor energético	817 kcal	487 kcal
Gorduras totais	44 g	16 g
Gorduras saturadas	32 g	10 g
Sal	2,78 g	0,96 g

Por porção: 487 kcal (com arroz)
Proteínas: 35 g; carboidratos: 55 g; gorduras totais: 16 g; gorduras saturadas: 10 g; fibras: 2 g; açúcar: 4 g; sal: 0,96 g

Rendimento: 4 porções
Preparo: 35 minutos
Cozimento: 20 minutos

Para a pasta de curry
20 g de coentro fresco com as folhas separadas dos talos
2 echalotas bem picadas
1 talo de erva-cidreira bem picado
2 dentes de alho bem picados
1 pedaço de 1 cm de gengibre fresco, descascado e bem picado
3 pimentas verdes habanero pequenas, bem picadas (com as sementes)
1 pimenta verde fresca e grande, de ardência média a suave, bem picada (com as sementes)
1 punhado pequeno de folhas de manjericão
½ colher (chá) de cominho em pó
½ colher (chá) de coentro em pó
¼ de colher (chá) de pimenta-do-reino preta moída
1 colher (chá) de folhas de limão kafir liofilizadas
1 colher (sopa) de suco de limão-taiti
1 colher (chá) de óleo de girassol

Para o curry
1 colher (sopa) de óleo de girassol
400 ml de leite de coco light
3 peitos de frango sem osso e sem pele, cortados em pedacinhos, totalizando 450 g
2 colheres (chá) de molho de peixe
½ colher (chá) de açúcar de palma granulado ou mascavo claro
4 folhas de limão kafir liofilizadas
100 g de ervilhas-tortas cortadas horizontalmente em fatias finas
100 g de vagens aparadas e cortadas ao meio
cebolinha bem picada e gomos de limão-taiti para servir

Para o arroz
250 g de arroz de jasmim

1 Para a pasta de curry, pique bem os talos de coentro e processe-os com as echalotas, a erva-cidreira, o alho e o gengibre em um miniliquidificar ou processador de alimentos. Bata até a mistura ficar bem lisa. Acrescente as pimentas, o manjericão, três quartos das folhas de coentro, o cominho e o coentro em pó, a pimenta-do-reino, as folhas de limão kafir e o suco do limão; bata outra vez. Acrescente o óleo e reserve. Apenas metade desta pasta será usada, o restante pode ser armazenado na geladeira por cerca de dois dias ou congelado por até um mês.

2 Para o curry, aqueça o óleo em uma panela wok antiaderente ou em uma frigideira funda, acrescente metade da pasta de curry e refogue por 1 minuto. Chacoalhe o vidro de leite de coco e despeje dois terços na panela. Deixe levantar fervura e cozinhe por 4 a 5 minutos, mexendo de vez em quando, até reduzir e engrossar um pouco.

3 Em uma caçarola, cozinhe o arroz em água fervente, seguindo as instruções da embalagem.

4 Enquanto isso, acrescente o frango à panela wok e refogue por 1 a 2 minutos, até não estar mais rosado. Acrescente o molho de peixe, o açúcar e o restante do leite de coco para obter um molho cremoso e não muito grosso. Abaixe o fogo, acrescente as folhas de limão kafir e cozinhe em fogo baixo por 5 minutos para finalizar o cozimento do frango lentamente. Nesta etapa, o curry pode ser congelado por até um mês.

5 Enquanto o frango fica pronto, cozinhe no vapor as ervilhas e vagens por alguns minutos. Sirva o curry em cumbucas com um pouco dos legumes por cima (o restante separadamente) e decore com a cebolinha e o restante das folhas de coentro. Sirva como acompanhamento um pote de arroz cozido e os gomos de limão para espremer por cima.

Em vez de creme de coco, utilize leite de coco light cozido até ficar mais grosso e saboroso.

•

Diminua a quantidade de óleo para reduzir ainda mais a gordura.

•

Prepare a sua própria pasta de curry para que tenha mais sabor e para que possa controlar melhor o uso do sal, do molho de peixe e do açúcar.

Frango balti

As receitas para este prato são bem variáveis. As especiarias podem mudar, mas a gordura está sempre em excesso, o que o torna bem pesado. Esta versão mais saudável é ainda bem picante e certamente muito melhor para a sua saúde do que uma comida pronta.

	Clássica	Light
Valor energético	309 kcal	217 kcal
Gorduras totais	15,4 g	6,6 g
Gorduras saturadas	6,1 g	1,3 g
Sal	0,9 g	0,5 g

Por porção: 217 kcal
Proteínas: 30,2 g; carboidratos: 10,2 g; gorduras totais: 6,6 g; gorduras saturadas: 1,3 g; fibras: 2,5 g; açúcar: 8,2 g; sal: 0,5 g

Rendimento: 4 porções
Preparo: 25 minutos, mais o tempo para marinar
Cozimento: 30 minutos

- 450 g de peito de frango sem osso, sem pele e cortado em pedacinhos
- 1 colher (sopa) de suco de limão-taiti
- 1 colher (chá) de páprica
- ¼ de colher (chá) de pimenta chilli em pó
- 1½ colher (sopa) de óleo de girassol ou amendoim
- 1 pauzinho de canela
- 3 bagas de cardamomo
- 1 pimenta verde fresca pequena ou média
- ½ colher (chá) de sementes de cominho
- 1 cebola média ralada grossa
- 2 dentes de alho bem picadinhos
- 1 pedaço de gengibre fresco de 2,5 cm ralado
- ½ colher (chá) de açafrão-da-terra
- 1 colher (chá) de cominho em pó
- 1 colher (chá) de coentro em pó
- 1 colher (chá) de garam masala
- 250 ml de molho de tomate passata*
- 1 pimentão vermelho sem miolo, sem sementes e cortado em pedaços pequenos
- 1 tomate médio picado
- 85 g de folhas de espinafre baby
- 1 punhado de folhas de coentro picadas
- sal e pimenta-do-reino preta moída na hora
- chapati** ou arroz basmati para servir (opcional)

Frite em uma panela wok antiaderente para diminuir a quantidade de gordura.

Acrescente legumes para aumentar a porção diária desses alimentos.

1. Coloque o frango em uma vasilha que não seja de metal. Misture o suco de limão, a páprica, a pimenta em pó e uma pitada de pimenta-do-reino, então tampe e deixe marinar por pelo menos 15 minutos, de preferência um pouco mais, na geladeira.

2. Aqueça 1 colher (sopa) do óleo em uma panela wok ou uma frigideira funda grande e antiaderente. Acrescente a canela, o cardamomo, a pimenta verde inteira e as sementes de cominho; refogue só até dourar e liberar a fragrância. Acrescente a cebola, o alho e o gengibre; refogue em fogo médio por 3 a 4 minutos, até a cebola começar a dourar. Adicione o óleo restante e o frango. Refogue por 2 a 3 minutos ou até a carne perder a aparência de crua. Misture o açafrão-da-terra com o cominho, o coentro em pó e o garam masala, e acrescente tudo à panela. Abaixe o fogo para médio e cozinhe por 2 minutos. Adicione a passata, 150 ml de água e o pimentão. Quando começar a ferver, abaixe o fogo e cozinhe por 15 a 20 minutos ou até o frango estar macio.

3. Acrescente o tomate e cozinhe em fogo baixo por 2 a 3 minutos; adicione o espinafre e mexa só até murchar. Tempere com um pouco de sal. Para um molho mais diluído, acrescente água. Se preferir, retire o pauzinho de canela, a pimenta verde e as bagas de cardamomo antes de servir. Decore com coentro fresco e sirva com pão chapati quente ou arroz basmati.

* Molho de tomate liso sem tempero. (N. T.)
** Pão indiano feito na chapa ou frigideira. (N. T.)

Salmão en croûte

O salmão envolto por uma massa amanteigada e crocante é um daqueles pratos de festa que valem a pena ter em seu repertório. Esta versão usa massa filo, diminuindo a gordura pela metade, mas não perde nenhuma de suas características deslumbrantes.

	Clássica	*Light*
Valor energético	634 kcal	331 kcal
Gorduras totais	44,9 g	20,2 g
Gorduras saturadas	17,2 g	4,1 g
Sal	1,64 g	0,47 g

Por porção: 331 kcal
Proteínas: 26,6 g; carboidratos: 11,6 g; gorduras totais: 20,2 g; gorduras saturadas: 4,1 g; fibras: 1,1 g; açúcar: 1 g; sal: 0,47 g

Rendimento: 6 porções
Preparo: 30 minutos, mais o tempo para gelar
Cozimento: 35 minutos

3 colheres (sopa) de azeite de oliva

2 echalotas grandes bem picadas

140 g de cogumelos-de-paris aparados e bem picados

3 dentes de alho bem picados

suco de ½ limão-siciliano

100 g de agrião picado

2 colheres (sopa) de endro picado

1 colher (sopa) de cebolinha-francesa bem cortada na tesoura

2½ colheres (sopa) de crème fraîche com 50% de gordura (veja página 29)

6 folhas de massa filo (38 x 30 cm cada), totalizando cerca de 125 g

2 filés de salmão sem pele pesando cerca de 350 g cada

sal e pimenta-do-reino preta moída na hora

1 Aqueça 2 colheres (sopa) de azeite em uma frigideira grande e antiaderente. Refogue as echalotas por 2 a 3 minutos até amolecer. Acrescente os cogumelos e o alho e refogue em fogo alto por mais 3 a 4 minutos, até dourar e evaporar todo o líquido. Adicione o suco do limão; após alguns segundos, ele também deve ter evaporado. Retire do fogo e adicione o agrião, mexendo até que ele murche. Acrescente o endro e a cebolinha; tempere com um pouquinho de sal e pimenta. Deixe esfriar.

2 Preaqueça o forno a 200 °C. Forre uma assadeira rasa com papel-manteiga. Assim que esfriar a mistura de cogumelos, acrescente o crème fraîche. Abra uma folha de massa filo sobre a superfície de trabalho, com a face menor do retângulo voltada para você. Besunte toda a massa com um pouquinho do azeite restante. Do mesmo modo, coloque por cima mais 4 folhas de massa, pincelando cada uma com um pouquinho de azeite.

3 Coloque um dos filés de atravessado sobre a massa, com o lado da pele para cima, posicionando-o a cerca de um terço do comprimento. Tempere com pimenta. Com uma colher, espalhe a mistura de cogumelos fria sobre o salmão e coloque o outro filé por cima, com o lado da pele para baixo. Tempere outra vez. Dobre a extremidade da massa perto de você sobre o salmão e, em seguida, cubra com a outra extremidade, envolvendo todo o peixe e levantando-o para que a abertura fique para baixo. Dobre as pontas menores com esmero.

4 Pincele a superfície externa com um pouquinho mais do azeite restante. Amasse a última folha de massa filo, pressionando-a de leve sobre o envelope de salmão para formar pregas grandes, e, então, com cuidado, pincele por cima o restante do azeite. Este prato pode ser preparado com 3 a 4 horas de antecedência e refrigerado.

5 Transfira o envelope de salmão para a assadeira. Asse por 25 minutos, até a massa estar crocante e dourar. Cheque enquanto assa e, caso a superfície comece a dourar rápido demais, cubra ligeiramente com papel-alumínio. Retire do fogo e deixe o salmão descansar por 2 a 3 minutos antes de servir.

Cozinhe em uma frigideira antiaderente
para usar menos azeite.

•

Substitua a massa folhada pela massa filo, assim,
tanto calorias como gorduras serão drasticamente reduzidas.

•

Insira cogumelos para aumentar os níveis de
vitamina B e agrião também pelas vitaminas B,
pelo ferro e pelos minerais.

•

Use crème fraîche magro no lugar do
creme de leite de lata para reduzir a gordura.

•

Besunte a massa com azeite em vez de ovo.

Espaguete à carbonara

Esta é uma das massas mais populares, porém, considerando-se o creme de leite, o queijo, os ovos, o sal e o bacon gorduroso da receita original, esta versão mais *light* sem dúvida passará a ser a sua favorita.

	Clássica	*Light*
Valor energético	935 kcal	527 kcal
Gorduras totais	49,8 g	16,1 g
Gorduras saturadas	21,9 g	6,3 g
Sal	3,73 g	1,63 g

Por porção: 527 kcal

Proteínas: 29,7 g; carboidratos: 70 g; gorduras totais: 16,1 g; gorduras saturadas: 6,3 g; fibras: 5,2 g; açúcar: 4,4 g; sal: 1,63 g

Rendimento: 4 porções

Preparo: 15 minutos
Cozimento: 20 minutos

2 ovos grandes

200 g de ervilhas congeladas

350 g de espaguete

1 colher (sopa) de azeite de oliva

100 g de bacon magro, sem o excesso de gordura, cortado em pedacinhos

2 dentes de alho grandes bem picados

85 g de queijo parmesão ralado

sal e pimenta-do-reino preta moída na hora

1 punhado de cebolinha-francesa bem cortada na tesoura, para decorar

1 Ferva a água com uma pitada de sal em uma caçarola grande. Em uma vasilha, bata os ovos com um pouco de pimenta. Cozinhe as ervilhas na água fervente por 2 a 3 minutos; escorra, conservando a água, e reserve.

2 Retorne a água do cozimento das ervilhas à panela, ferva novamente e cozinhe o espaguete até ficar al dente, seguindo as instruções da embalagem. Enquanto isso, aqueça o azeite em uma frigideira funda. Frite o bacon por vários minutos até começar a ficar crocante. Acrescente o alho e cozinhe ligeiramente, até dourar um pouco. Adicione as ervilhas e, caso o espaguete ainda não esteja pronto, mantenha-o aquecido em fogo bem baixo.

3 Quando a massa estiver pronta, retire do fogo a frigideira com o bacon. Com uma pinça culinária, retire o espaguete da caçarola (reservando a água do cozimento) e acrescente-o ao alho, ao bacon e às ervilhas na frigideira. Misture quase todo o queijo aos ovos, reservando um punhado para polvilhar sobre cada porção. Rapidamente, acrescente essa mistura de ovos e de queijo à frigideira, erguendo a massa e mexendo com a pinça para misturar bem e cobrir todos os fios. Com uma concha, adicione um pouco da água do cozimento, o suficiente para cobrir o espaguete e criar um pouco de molho na panela.

4 Monte o prato com uma colher ou um garfo grande, enrolando o macarrão em volta. Sirva imediatamente polvilhado com queijo, um pouco de cebolinha e finalizado com pimenta-do-reino moída na hora.

Elimine o creme de leite e use a água do cozimento para obter o molho.

Nasi goreng

Este prato da Indonésia equivale ao popular arroz frito da China. Mas, quando generosas quantidades de molho de soja são adicionadas, ele se torna rico em sal. Esta receita nos mostra que há várias outras maneiras de se realçar o gosto, reduzir gordura e ainda assim conservar o seu sabor extraordinário.

	Clássica	Light
Valor energético	694 kcal	405 kcal
Gorduras totais	27,2 g	7,9 g
Gorduras saturadas	4,6 g	1,2 g
Sal	2,9 g	1,6 g

Por porção: 405 kcal
Proteínas: 30,7 g; carboidratos: 50,9 g; gorduras totais: 7,9 g; gorduras saturadas: 1,2 g; fibras: 4,6 g; açúcar: 3,6 g; sal: 1,6 g

Rendimento: 4 porções
Preparo: 30 minutos
Cozimento: 20 minutos

---

140 g de vagens aparadas e cortadas em quatro partes

1 ovo grande

1 colher (sopa) de leite semidesnatado

1 boa pitada de açafrão-da-terra

2 colheres (sopa) de óleo de canola

225 g de arroz agulhinha

85 g de ervilhas frescas ou congeladas

3 echalotas bem picadas

2 dentes de alho bem picados

1 pimenta-malagueta sem sementes e bem picada (ou conserve algumas sementes se preferir mais picante)

2 peitos de frango sem osso e sem pele, totalizando 300 g, e cortados em cubos de 2,5 cm

1 colher (chá) de páprica

1 colher (chá) de coentro em pó

100 g de camarões cozidos com pele

Para servir

3 cebolinhas aparadas

4 colheres (chá) de molho de soja escuro

50 g de pepino cortado em cubos

1 punhado de coentro fresco picado

gomos de limão-taiti

sal e pimenta-do-reino preta moída na hora

---

1 Cozinhe no vapor ou ferva as vagens por 3 a 4 minutos, até estarem al dente. Escorra, se necessário, e então coloque-as sob água fria corrente para brecar o cozimento. Reserve.

2 Prepare um omelete. Bata o ovo em uma vasilha, acrescente o leite, o açafrão-da-terra e um pouco de pimenta. Coloque 1 colher (chá) de óleo em uma frigideira grande antiaderente e acrescente a mistura de ovo. Mexa a frigideira em círculo para que o ovo revista toda a base, obtendo um omelete fino com cerca de 23 cm de diâmetro. Cozinhe em fogo médio por 1 a 2 minutos (não precisa virar do outro lado), até a superfície assentar e a base dourar um pouco. Transfira o omelete para uma tábua com a base para baixo, enrole bem firme como um charuto e corte na transversal em fatias finas. Reserve.

3 Se para decorar você preferir as cebolinhas crespas, corte-as na metade e depois em tiras finas e compridas. Coloque em uma vasilha pequena, cubra com água gelada e leve à geladeira até encresparem.

4 Em uma panela com água fervente, cozinhe o arroz por cerca de 10 minutos ou até estar macio, acrescentando as ervilhas nos últimos 3 minutos.

RECEBER OS CONVIDADOS DE UM JEITO *LIGHT*   97

5 Enquanto isso, aqueça 1 colher (sopa) de óleo em uma frigideira funda grande ou em uma panela wok, acrescente as echalotas, o alho e a pimenta-malagueta; refogue por 2 a 3 minutos, até amolecer e dourar um pouquinho. Adicione mais 1 colher (chá) de óleo, misture o frango e refogue por 4 a 5 minutos, até cozinhar. Acrescente a páprica, o coentro em pó, os camarões e as vagens, e cozinhe por mais 1 minuto para aquecer tudo e cozinhar as especiarias.

6 Passe o arroz por um escorredor de macarrão e, se ainda estiver refogando o frango, arrume o escorredor sobre uma caçarola com um pouquinho de água fervente e tampe o arroz para que seque e se conserve quente no vapor.

7 Misture o arroz cozido e o omelete fatiado ao frango e mexa com cuidado para reaquecer bem. Tempere com pimenta-do-reino e um pouquinho de sal. Sirva cada porção regada com um fio do óleo restante e 1 colher (chá) do molho de soja, espalhe por cima um pouco do pepino e do coentro picado e finalize com um montinho das cebolinhas crespas bem escorridas.

DICA

- Tradicionalmente, este prato é preparado para se aproveitar a sobra do arroz cozido. Nesta receita, ele foi cozido fresco, mas, se for aproveitar sobras, é importante esfriar o arroz rapidamente depois do cozimento inicial, conservá-lo na geladeira até quando for usá-lo e, então, reaquecê-lo bem, antes de servir.

Reduza as gorduras totais e saturadas usando peito de frango magro, sem pele.

•

Reduza ainda mais a gordura cozinhando em uma panela antiaderente e usando menos ovo, aumentando a quantidade com o acréscimo de leite semidesnatado.

•

Diminua o sal usando menos camarões e menos molho de soja. Conserve o sabor com quantidades extras de especiarias e um fio de molho de soja na finalização para uma explosão de sabores.

•

Insira vagens e ervilhas para incrementar o teor de fibras e as cincos porções diárias de frutas, legumes e verduras.

Coq au vin

Um prato nutritivo e que nos sacia, ideal para as recepções de inverno. O melhor de tudo é que esta versão *light* apresenta o mesmo sabor intenso, mas com as calorias e gorduras bem reduzidas. Para uma refeição totalmente leve, sirva acompanhado do *Braseado de alho-poró e ervilhas* (veja página 202) e do *Purê de batata cremoso* (veja página 213).

	Clássica	Light
Valor energético	818 kcal	420 kcal
Gorduras totais	53,8 g	13,2 g
Gorduras saturadas	18,1 g	3,2 g
Sal	1,2 g	1,4 g

Por porção: 420 kcal
Proteínas: 46,9 g; carboidratos: 7,3 g; gorduras totais: 13,2 g; gorduras saturadas: 3,2 g; fibras: 1,3 g; açúcar: 1,7 g; sal: 1,4 g

Rendimento: 6 porções
Preparo: 25 minutos
Cozimento: 1h15 a 1h35

- 3 raminhos de tomilho
- 2 raminhos de alecrim
- 2 folhas de louro
- 3 colheres (sopa) de azeite de oliva
- 100 g de lombinho canadense defumado, limpo do excesso de gordura e picado
- 12 echalotas pequenas sem pele
- 2 coxas de frango sem pele, totalizando cerca de 450 g
- 4 sobrecoxas com osso, totalizando cerca de 650 g, sem pele
- 2 peitos de frango sem osso e sem pele, totalizando cerca de 300 g
- 3 dentes de alho bem picados
- 3 colheres (sopa) de conhaque
- 600 ml de vinho tinto
- 150 ml de caldo de frango de boa qualidade
- 2 colheres (chá) de purê de tomate
- 250 g de cogumelos-de-paris aparados e cortados ao meio, se forem grandes

Para a pasta espessante
- 2 colheres (sopa) de farinha de trigo comum
- 1½ colher (chá) de azeite de oliva
- 1 colher (chá) de manteiga amolecida
- sal e pimenta-do-reino preta moída na hora
- 1 punhado pequeno de folhas de salsinha lisa picadas, para decorar

1 Amarre as ervas juntas para formar um bouquet garni.

2 Aqueça 1 colher (sopa) de azeite em uma caçarola grande de fundo triplo ou refratária. Acrescente o lombinho e frite até estar crocante. Retire e escorra no papel-toalha. Acrescente as echalotas à panela e refogue, mexendo ou sacudindo a panela sem parar por 5 a 8 minutos, até dourarem bem por inteiro. Retire do fogo e reserve com o lombinho.

3 Seque os pedaços de frango com papel-toalha. Despeje ½ colher (sopa) do azeite na caçarola e refogue metade do frango, mexendo sem parar, por 5 a 8 minutos, até dourar bem. Retire do fogo e repita o procedimento com a outra metade que sobrou. Retire da panela e reserve.

4 Acrescente o alho à caçarola e refogue ligeiramente. Em fogo médio, adicione o conhaque, raspando o fundo da panela para a deglaçagem. O álcool provocará um chiado e será quase todo evaporado.

5 Retorne à panela as coxas e sobrecoxas do frango com todo o suco do cozimento, acrescente um pouco do vinho, raspando o fundo outra vez. Adicione o restante do vinho, o caldo de frango e o purê de tomate, mergulhe o bouquet garni e tempere com pimenta-do-reino e uma pitada de sal; em seguida, retorne o lombinho e as echalotas à panela. Tampe e cozinhe em fogo baixo, acrescente os pedaços de peito de frango e cozinhe por 50 a 60 minutos.

6 Na hora de servir, aqueça o azeite restante em uma frigideira grande e antiaderente. Acrescente os cogumelos e refogue em fogo alto por alguns minutos até dourar. Retire do fogo e mantenha aquecido.

7 Retire da panela o frango, as echalotas e o lombinho; transfira para um prato de servir preaquecido. Remova o bouquet garni.

8 Para a pasta espessante, misture em uma vasilha pequena a farinha, o azeite e a manteiga, usando as costas de uma colher de chá. Deixe a mistura de vinho ferver em fogo baixo e acrescente, aos poucos, pequenas porções da pasta espessante, incorporando com um fouet. Cozinhe também em fogo baixo por 1 a 2 minutos.

9 Espalhe os cogumelos sobre o frango e regue com o molho de vinho. Decore com a salsinha picada.

Para reduzir a gordura, retire a pele do frango.

•

Para diminuir a gordura saturada, substitua parte da manteiga por azeite.

•

Para usar menos sal, intensifique o sabor com ervas.

RECEBER OS CONVIDADOS DE UM JEITO *LIGHT* 101

Tagine de cordeiro

A combinação exótica da carne com as especiarias, as frutas e as nozes no tagine marroquino pode desequilibrar a quantidade de gordura, variando de pouca a muita, dependendo do método de cocção e da escolha da carne. Ao se optar por um corte magro e empregar outras maneiras de suavizar a receita, esta versão apresenta menos da metade da gordura comparada à versão clássica, sem perder nada de seu atrativo.

	Clássica	*Light*
Valor energético	534 kcal	339 kcal
Gorduras totais	33,4 g	14,7 g
Gorduras saturadas	13,3 g	4,4 g
Sal	0,7 g	0,6 g

Por porção: 339 kcal
Proteínas: 29,9 g; carboidratos: 22,5 g; gorduras totais: 14,7 g; gorduras saturadas: 4,4 g; fibras: 6 g; açúcar: 15,3 g; sal: 0,6 g

Rendimento: 6 porções
Preparo: 35 minutos, mais uma noite para marinar
Cozimento: 2h25

- 750 g de coxas de cordeiro cortadas em cubos de 4 cm, aparadas do excesso de gordura
- 2 cebolas médias
- 2 colheres (chá) de cominho em pó
- 1½ colher (chá) de páprica
- 1 colher (chá) de canela em pó
- 1 boa pitada de pimenta vermelha triturada
- 1 boa pitada de estigmas de açafrão
- 2 colheres (sopa) de óleo de canola
- 3 dentes de alho bem picados
- 1½ colher (chá) de gengibre fresco bem ralado
- 625 g de tomates pelados enlatados
- 25 g de um maço de coentro fresco
- 140 g de damascos secos e macios, cortados ao meio
- 400 g de grão-de-bico enlatado, sem a água
- 2 colheres (chá) de mel
- sal e pimenta-do-reino preta moída na hora

1 Preaqueça o forno a 160 °C. Coloque a carne em uma vasilha grande. Rale uma das cebolas e misture-a à carne com o cominho, a páprica, a canela, a pimenta triturada, o açafrão e 1 colher (sopa) de óleo. Tempere com pimenta-do-reino e misture bem. Tampe e deixe descansar por 2 a 3 horas ou, de preferência, durante a noite na geladeira.

2 Pique a outra cebola. Aqueça o óleo restante em uma frigideira grande comum ou de fundo triplo, antiaderente. Acrescente a cebola picada, o alho e o gengibre; refogue em fogo médio por cerca de 5 minutos, mexendo sem parar, até começar a dourar. Em seguida, aumente um pouco o fogo, acrescente a carne e seus temperos e refogue até perder a cor rosada. Acrescente o tomate. Enxague as latas de tomate com 250 ml de água e adicione o líquido à carne; mexa. Pique metade do maço de coentro, inclusive os talos, e acrescente ao tagine juntamente com os damascos. Aqueça bem e transfira para um refratário.

3 Cozinhe no forno por 2 horas, cobrindo com um pouco mais de água, se necessário, para manter bem suculento. Acrescente o grão-de-bico e o mel, mexa e cozinhe por mais 15 minutos ou até que a carne esteja bem macia.

4 Separe as folhas do coentro restante e pique. Tempere o tagine com um pouquinho de sal e sirva decorado com as folhas picadas.

Substitua parte da carne pelo grão-de-bico para manter a proteína alta e reduzir gorduras, aumentar fibras e enriquecer as cinco porções diárias de frutas, legumes e verduras.

Salmão teriyaki

Este é um prato japonês popular em restaurantes, também conhecido como um prato para levar pronto para casa, mas que pode apresentar altos níveis de sal e açúcar em função do molho caramelizado e agridoce. Ao se ajustar alguns dos ingredientes tradicionais e combiná-los com outros, é fácil preparar esta receita em casa – o sal e o açúcar são reduzidos pela metade, mas o sabor característico permanece.

	Clássica	Light
Valor energético	361 kcal	269 kcal
Gorduras totais	18,2 g	15,4 g
Gorduras saturadas	3 g	2,7 g
Açúcar	11,3 g	1,6 g
Sal	2,9 g	1,5 g

Por porção: 269 kcal
Proteínas: 28,7 g; carboidratos: 2 g; gorduras totais: 15,4 g; gorduras saturadas: 2,7 g; fibras: 0,1 g; açúcar: 1,6 g; sal: 1,5 g

Rendimento: 4 porções
Preparo: 10 minutos
Cozimento: 15 minutos

2 colheres (sopa) de molho de soja escuro

3 colheres (sopa) de vinho branco seco

2 colheres (sopa) de suco de maçã concentrado

2 colheres (chá) de vinagre de vinho branco

2 dentes de alho triturados

1 colher (chá) de gengibre fresco bem ralado

4 filés de salmão com cerca de 140 g cada, sem pele

pimenta-do-reino preta moída na hora

1 Prepare o molho teriyaki. Coloque o molho de soja, o vinho, o suco de maçã, o vinagre, o alho e o gengibre em uma caçarola pequena com 1 colher (sopa) de água e moa por cima um pouco de pimenta. Deixe levantar fervura e cozinhe por 2 a 3 minutos, até reduzir um pouco. Retire do fogo e reserve.

2 Aqueça a grelha em fogo alto. Forre uma assadeira rasa com papel-alumínio e coloque os filés de salmão. Grelhe os filés, relativamente perto da grelha, por cerca de 10 minutos ou até que estejam cozidos (não precisa virar), pincelando algumas vezes com um pouquinho do molho teriyaki nos 2 minutos finais para glacear.

3 Aqueça o restante do molho e despeje sobre o salmão na hora de servir.

DICAS
- Para saber se o salmão está cozido, abra a carne no centro com a ponta de uma faca. O peixe estará no ponto quando as lascas já tiverem perdido o aspecto translúcido.
- Sirva com noodles fininhos misturados ao coentro fresco – e a um legume verde fresco.

Aumente a quantidade de molho com o suco de maçã, que fornece um sabor adocicado natural, em vez de acrescentar açúcar.

Cozido de peixe à moda mediterrânea

Rico em peixe, frutos do mar e tomates, este prato clássico é bastante saudável. Para melhorá-lo ainda mais, bastam algumas trocas para maximizar os benefícios e reduzir o sal e a gordura.

	Clássica	*Light*
Valor energético	311 kcal	255 kcal
Gorduras totais	7,5 g	5,2 g
Gorduras saturadas	1,1 g	0,8 g
Sal	1,8 g	0,9 g

Por porção: 255 kcal
Proteínas: 30,8 g; carboidratos: 12,9 g; gorduras totais: 5,2 g; gorduras saturadas: 0,8 g; fibras: 6 g; açúcar: 9 g; sal: 0,9 g

Rendimento: 4 porções
Preparo: 20 minutos
Cozimento: 25 minutos

- 1 bulbo de erva-doce (ou funcho), com cerca de 300 g
- 1 colher (sopa) de azeite de oliva, mais 1 colher (chá)
- 1 cenoura pequena cortada em cubos
- 2 talos de salsão cortados em cubos
- 1 echalota grande ou 2 pequenas bem picadas
- 2 dentes de alho bem picados
- 175 ml de vinho branco seco
- 150 ml de suco de tomate
- 400 g de tomates-cerejas enlatados com o suco
- 1 boa pitada de estigmas de açafrão
- 1 boa pitada de páprica defumada
- 4 colheres (sopa) de manjericão picado
- 250 g de tomates-cerejas
- 500 g de peixe hadoque ou bacalhau fresco sem pele, cortado em pedaços de 4 a 5 cm
- 12 camarões graúdos crus (ou cozidos) sem casca, com o rabo
- sal e pimenta-do-reino preta moída na hora

1. Preaqueça o forno a 200 °C. Apare e corte a erva-doce em quatro pedaços na vertical; em seguida, retire e descarte o miolo. Pique bem a erva-doce. Em uma panela sauté grande e funda ou em uma frigideira, aqueça 1 colher (sopa) de azeite. Acrescente a erva-doce, a cenoura, o salsão, a echalota e o alho e refogue por 3 a 4 minutos. Aumente o fogo, despeje o vinho e cozinhe em fogo baixo por alguns minutos até reduzir cerca de dois terços do líquido. Acrescente o suco de tomate com 150 ml de água. Adicione à panela o tomate enlatado, o açafrão, a páprica e 2 colheres (sopa) de manjericão. Tempere com pimenta. Deixe levantar fervura e espere por 8 minutos para cozinhar os legumes e reduzir um pouco o líquido.

2. Enquanto isso, corte os tomates ao meio. Arrume-os em uma assadeira rasa, espalhe por cima 1 colher (sopa) do manjericão, tempere com pimenta e regue com 1 colher (chá) de azeite. Asse no forno por 8 a 10 minutos, até amolecer os tomates, conservando-os inteiros.

3. Coloque o peixe e os camarões (se estiver usando-os crus) na frigideira com os legumes e cozinhe em fogo baixo por 4 a 5 minutos ou até estarem cozidos e sem o aspecto opaco. Se estiver usando camarões cozidos, acrescente-os nos últimos 2 minutos do cozimento para aquecê-los. Tempere com uma pitada de sal.

4. Arrume o peixe e os legumes no centro de cumbucas grandes e rasas, regue em volta com o líquido e sirva decorado com os tomates assados, polvilhando o restante do manjericão picado por cima.

Inclua erva-doce, cenoura, salsão e mais tomates-cerejas para aumentar o sabor e a quantidade das cinco porções diárias de frutas, legumes e verduras, de vitamina C e de fibras.

Risoto primavera

Este prato é basicamente composto por arroz cozido e vários legumes frescos da época, porém esconde alguns extras. A manteiga é sempre usada no início para refogar o arroz e, no final, uma generosa quantidade é incorporada junto ao parmesão para conferir sabor e cremosidade. Por isso, busquei substitutos mais saudáveis e que caprichassem no sabor.

	Clássica	Light
Valor energético	715 kcal	475 kcal
Gorduras totais	31 g	10,4 g
Gorduras saturadas	16 g	2,8 g
Sal	2,1 g	0,3 g

Por porção: 475 kcal

Proteínas: 18,6 g; carboidratos: 70,5 g; gorduras totais: 10,4 g; gorduras saturadas: 2,8 g; fibras: 9,8 g; açúcar: 5,2 g; sal: 0,3 g

Rendimento: 4 porções

Preparo: 40 minutos
Cozimento: 35 minutos

2 colheres (sopa) de azeite de oliva

350 g de hastes de aspargos aparados e cortados na diagonal em fatias de 5 cm

9 cebolinhas aparadas e fatiadas

175 g de ervilhas frescas ou congeladas

250 g de feijões-favas frescos ou congelados, sem casca

2 colheres (sopa) de manjericão picado em tiras

2 colheres (sopa) de cebolinha-francesa bem cortada na tesoura

1 colher (sopa) de hortelã bem picada

raspas de 1 limão-siciliano bem finas

1,7 litro de caldo de legumes

4 echalotas bem picadas

3 dentes de alho grandes bem picados

300 g de arroz carnaroli ou arbóreo

150 ml de vinho branco seco

25 g de queijo parmesão, ou uma alternativa vegana, ralado

25 g de rúcula

pimenta-do-reino preta moída na hora

1 Aqueça metade do azeite em uma frigideira grande e antiaderente. Acrescente o aspargo e refogue em fogo médio por 4 minutos ou até dourar por inteiro. Adicione a cebolinha e refogue por 1 a 2 minutos, até dourar. Retire do fogo, tempere com pimenta e reserve.

2 Cozinhe separadamente as ervilhas e os feijões-favas em um pouco de água fervente por 3 minutos cada; em seguida, passe por uma peneira. Quando as favas estiverem frias o suficiente para o manuseio, tire-as da casca. Reserve.

3 Em uma vasilha pequena, misture o manjericão, a cebolinha-francesa, a hortelã e as raspas de limão; tempere com pimenta. Reserve.

4 Despeje o caldo em uma caçarola e mantenha em fogo bem baixo. Coloque o azeite restante em uma frigideira funda e grande, acrescente as echalotas e o alho e refogue por 3 a 4 minutos, até amolecer e dourar um pouco. Adicione o arroz e continue refogando por 1 a 2 minutos em fogo médio. Quando começar a escutar um chiado, acrescente o vinho e mexa de novo até que tenha sido absorvido. Comece a adicionar o caldo quente, 1½ concha por vez, para que o caldo cozinhe em fogo baixo e seja absorvido a cada adição. Não pare de mexer, a fim de garantir a cremosidade do risoto. Siga adicionando o caldo da mesma forma – após 20 minutos, o arroz deve estar macio e um pouco firme no centro. Se não estiver assim, acrescente mais caldo. Nesta etapa, deve ter sobrado pelo menos 1 concha do caldo. Tempere com pimenta; provavelmente não será preciso acrescentar nada de sal.

5 Retire a panela do fogo. Acrescente 1 concha do caldo restante para manter a mistura cremosa. Espalhe por cima todos os legumes, um pouco de pimenta moída, metade da mistura de ervas e metade do queijo. Tampe e deixe o risoto descansar por 3 a 4 minutos. Misture tudo com cuidado e, se necessário, acrescente mais 1 concha do caldo restante para obter uma boa consistência. Arrume os pratos e sirva decorado com um montinho de rúcula e o restante das ervas e do queijo polvilhados por cima.

OUTRAS MANEIRAS DE USAR...
A mistura do arroz cozido

- Em vez de misturar os legumes primavera durante o preparo, decore o arroz pronto com uma mistura de legumes assados, como pimentão, abobrinha, cebola e abóbora, por exemplo.
- Em vez de servi-lo como prato principal, sirva o risoto como acompanhamento de frango grelhado ou salmão escalfado.

Substitua a manteiga por azeite de oliva.

•

Aumente a quantidade de legumes, fornecendo três das cinco porções diárias de frutas, legumes e verduras.

•

Reduza a quantidade de parmesão para diminuir mais a gordura.

•

No lugar do sal, acrescente raspas de limão-siciliano e uma mistura de ervas para agregar sabor.

Bife Wellington

Receitas clássicas, apesar de impressionarem quando dispostas no centro da mesa em ocasiões especiais, costumam ser feitas com muitas camadas de ingredientes gordurosos. Para a minha versão mais saudável, mantive a aparência e o sabor extravagantes, mas reduzi drasticamente as calorias e as gorduras. A carne precisa ser amarrada de modo uniforme para que não desmanche – faça você mesmo ou peça ao seu açougueiro.

	Clássica	Light
Valor energético	699 kcal	350 kcal
Gorduras totais	41 g	16,6 g
Gorduras saturadas	19,3 g	5 g
Sal	1,7 g	0,8 g

Por porção: 350 kcal

Proteínas: 39,5 g; carboidratos: 8,3 g; gorduras totais: 16,6 g; gorduras saturadas: 5 g; fibras: 1,3 g; açúcar: 0,8 g; sal: 0,8 g

Rendimento: 6 porções

Preparo: 1 hora, mais o tempo para hidratar, esfriar e descansar
Cozimento: cerca de 1 hora

Para o bife

3 colheres (sopa) de óleo de canola

1 kg de filé-mignon magro amarrado por igual

1 punhado grande de cogumelo porcini seco

2 echalotas bem picadas

2 dentes de alho bem picados

140 g de cogumelos-de-paris aparados e bem picados

2 colheres (sopa) de salsinha de folha lisa bem picada

1 colher (sopa) de estragão bem picado

100 g de uma mistura de agrião, espinafre baby e rúcula ou agrião ou folhas de espinafre

6 folhas de massa filo (38 x 30 cm), totalizando 125 g

Para o molho

1 colher (chá) de farinha de trigo comum

5 colheres (sopa) de vinho tinto

350 ml de caldo de galinha

2 colheres (chá) de mostarda Dijon

sal e pimenta-do-reino preta moída na hora

1 Preaqueça o forno a 220 °C. Aqueça 2 colheres (chá) de óleo em uma frigideira grande e antiaderente. Coloque a carne na panela e sele em fogo alto por 5 minutos, virando sempre. Transfira para uma assadeira e tempere com pimenta e uma pitada de sal; asse por 17 a 18 minutos (para que fique malpassada).

2 Enquanto isso, coloque o cogumelo porcini em um refratário pequeno, cubra com água fervente e deixe hidratar por 20 a 30 minutos.

3 Coloque 1 colher (sopa) do óleo restante na mesma frigideira (não a lave) em que a carne foi preparada. Acrescente as echalotas, o alho e o cogumelo-de-paris; refogue por 4 a 5 minutos, mexendo sem parar, em fogo um pouco alto para que primeiro seja liberado todo o líquido dos cogumelos, depois evaporado e, por fim, até que esteja amolecido. Retire do fogo, adicione a salsinha e o estragão, tempere com pimenta e uma pitada de sal. Deixe esfriar.

4 Coloque a mistura de folhas verdes em um refratário grande, despeje por cima água fervente e deixe por 30 segundos. Passe por um escorredor de macarrão, enxague sob água fria corrente e escorra. Aperte com as mãos para tirar todo o líquido e seque com papel-toalha. Pique e reserve.

5 Escorra o cogumelo porcini, reservando 5 colheres (sopa) do líquido para o molho. Pique bem e acrescente-o à mistura de cogumelos-de-paris. Forre uma assadeira rasa com papel-manteiga.

6 Quando a carne estiver pronta, retire-a do forno e deixe descansar na assadeira por 10 minutos para soltar todo o suco. Diminua a temperatura do forno para 200 °C. Levante a carne da assadeira (deixe todo o suco nela para o molho) e coloque-a sobre um papel-toalha. Espere secar e esfriar o bastante para enrolar o filé-mignon na massa filo.

7 Abra uma das folhas de massa filo sobre a superfície de trabalho com a face menor voltada para você. Pincele toda a folha com um pouco do óleo restante. Seguindo o mesmo procedimento, besunte e sobreponha mais 4 folhas de massa, uma sobre a outra. Retire o cordão da carne esfriada. Espalhe as folhas picadas no centro da massa nas mesmas dimensões da peça de carne. Cubra com a mistura de cogumelos e pressione levemente para baixo. Coloque a carne por cima com a face superior para baixo. Envolva a carne com as laterais maiores da massa e vire-a do outro lado, de modo que as pregas fiquem para baixo. Enfie sob o enrolado as duas pontas que sobraram (se preciso, apare antes a massa para reduzir o excesso) e coloque o envelope sobre a assadeira forrada com papel-manteiga, deixando todas as junções para baixo. Pincele com mais óleo.

8 Abra a última folha de massa sobre a superfície de trabalho, com uma das faces maiores voltada para você, e corte cinco tiras na transversal. Coloque uma tira de cada vez sobre o envelope de carne, sobrepondo-as um pouco e erguendo as bordas para que ganhem certo volume. Com cuidado, pincele por cima o restante do óleo e asse por 30 minutos, até dourar. Se a massa começar a dourar rápido demais, cubra ligeiramente com papel-alumínio. Retire a carne do fogo e deixe descansar por 5 a 10 minutos antes de fatiar.

9 Enquanto isso, prepare o molho. Aqueça o suco de cocção na assadeira, raspando o fundo para a deglaçagem. Acrescente a farinha e, aos poucos, o vinho, sem parar de mexer para misturar bem. Acrescente o caldo e o líquido do cogumelo porcini e ferva por 8 a 10 minutos, até reduzir. O molho deve ficar encorpado, mas mais fino, como o jus (suco de cocção). Incorpore a mostarda e tempere com pimenta. Transfira a carne para uma travessa e corte-a em fatias grossas com uma faca afiada. Sirva com uma ou duas colheradas do molho.

OUTRAS MANEIRAS DE USAR...

O recheio

As folhas murchas e a mistura de cogumelos formam uma deliciosa cobertura para filés de frango, de salmão e de outros peixes. Coloque as folhas e a mistura de cogumelos sobre peitos de frango sem pele, enrole-os em papel-manteiga e leve para assar.

Substitua a massa folhada pela filo para reduzir a gordura.

•

Elimine a manteiga e use óleo de canola para manter os níveis de gorduras saturadas baixos.

•

Use uma frigideira antiaderente.

•

Prepare uma duxelle light em vez do clássico patê.

•

Use ervas, alho e cogumelos porcini para dar sabor, utilizando assim menos sal.

Berinjela à parmegiana

Sempre achei que uma quantidade extravagante de óleo era necessária para deixar esta receita tão deliciosa. Mas, ao tentar encontrar um jeito mais *light* de cozinhar as berinjelas, descobri que não é bem assim. Colocando outros queijos, o sabor foi mantido e houve redução de mais da metade de gordura.

	Clássica	Light
Valor energético	394 kcal	213 kcal
Gorduras totais	31,3 g	14,4 g
Gorduras saturadas	13,2 g	5,7 g
Sal	2,2 g	0,6 g

Por porção: 213 kcal
Proteínas: 10,8 g; carboidratos: 10,2 g; gorduras totais: 14,4 g; gorduras saturadas: 5,7 g; fibras: 6,9 g; açúcar: 9,4 g; sal: 0,6 g

Rendimento: 4 porções
Preparo: 35 minutos
Cozimento: 40 minutos

- 2 colheres (sopa) de azeite de oliva, mais 1 colher (chá)
- 1½ colher (sopa) de suco de limão-siciliano
- 3 berinjelas, totalizando 750 g
- 2 dentes de alho bem picados
- 625 g de tomates pelados enlatados
- 1 colher (sopa) de purê de tomate
- 1 colher (sopa) de manjericão picado, mais um punhado das folhas e folhas extras para decorar
- 100 g de queijo ricota
- 50 g de queijo muçarela
- 2 tomates médios fatiados
- 25 g de queijo parmesão ralado
- sal e pimenta-do-reino preta moída na hora

1 Preaqueça o forno a 200 °C. Pincele um pouquinho das 2 colheres (sopa) de azeite em duas ou três assadeiras grandes e antiaderentes (ou asse as berinjelas em levas). Misture o restante do azeite com o suco de limão. Corte as berinjelas de comprido em fatias de 1 cm de espessura e arrume-as em uma única camada sobre as assadeiras untadas. Pincele com a mistura de azeite e limão e tempere com pimenta. Asse por cerca de 25 minutos, até dourar e amolecer, virando-as do outro lado na metade do cozimento, se for necessário.

2 Enquanto isso, prepare o molho de tomate. Aqueça 1 colher (chá) de azeite em uma caçarola média. Acrescente o alho e refogue por 1 minuto. Adicione os tomates enlatados, desmanchando-os com uma colher conforme mexe. Misture o purê de tomate e 1 colher (sopa) do manjericão picado. Tempere com pimenta e uma pitada de sal. Cozinhe em fogo baixo por 15 minutos para engrossar um pouco e formar um molho cremoso.

3 Espalhe uma ou duas colheres do molho (uma camada bem fininha apenas) na base de um refratário raso (25 x 20 x 5 cm). Cubra com um terço das berinjelas assadas, sobrepondo as fatias. Espalhe por cima um terço do molho que restou e, com uma colher, cubra com metade da ricota em bolinhas e com metade da muçarela; pique e espalhe por cima metade das folhas de manjericão e tempere com pimenta. Repita esse processo de fazer as camadas com berinjelas, molho, ricota, muçarela e manjericão, finalizando com o último terço da berinjela coberta com o resto do molho. Coloque as fatias de tomate sobre o molho, tempere com pimenta e polvilhe com o parmesão.

4 Asse na mesma temperatura de antes por cerca de 15 minutos ou até dourar e estar borbulhando. Sirva decorado com as folhas extras de manjericão.

Reduza ainda mais calorias e gorduras substituindo grande parte da muçarela pela ricota.

RECEBER OS CONVIDADOS DE UM JEITO *LIGHT*

Torta de peixe

Esta torta de peixe é bem mais fácil de preparar do que uma comum – não tem atropelo com o molho *roux* ou purê de batatas. Consegui reduzir a gordura saturada em mais de 75%, e ainda assim meus degustadores elogiaram a deliciosa combinação do molho cremoso com os pedaços de peixe e a cobertura crocante.

	Clássica	*Light*
Valor energético	676 kcal	413 kcal
Gorduras totais	38 g	15 g
Gorduras saturadas	19 g	4 g
Sal	1,22 g	1,42 g

Por porção: 413 kcal
Proteínas: 42 g; carboidratos: 30 g; gorduras totais: 15 g; gorduras saturadas: 4 g; fibras: 2 g; açúcar: 7 g; sal: 1,42 g

Rendimento: 6 porções

Preparo: 30 minutos, mais o tempo para gelar
Cozimento: cerca de 1 hora

500 ml de leite semidesnatado

3 colheres (sopa) de amido de milho

100 g de camarões cozidos na casca

vários raminhos de tomilho, preferencialmente tomilho-limão

2 folhas de louro

1 dente de alho bem fatiado

750 g de batatas bolinhas com casca e lavadas

1 talo médio de alho-poró, limpo e bem fatiado, totalizando 175 g

400 g de filés de hadoque sem pele

350 g de filés de salmão sem pele

175 g de filés de hadoque defumado sem pele

125 g de queijo cremoso *light* com alhos e ervas

2 colheres (sopa) de salsinha bem picada

2 colheres (sopa) de azeite de oliva

2 colheres (sopa) de cebolinha-francesa bem cortada na tesoura

pimenta-do-reino preta moída na hora

1 Misture 3 colheres (sopa) do leite com o amido de milho; reserve. Coloque o resto do leite em uma caçarola. Descasque os camarões, reservando a carne, e insira as cascas e as cabeças (lave antes, se preciso) no leite, junto com os raminhos de tomilho, as folhas de louro, o alho e um pouco de pimenta. Deixe ferver; em seguida, retire do fogo e deixe em infusão por 20 minutos.

2 Enquanto isso, coloque as batatas em uma panela grande com água, espere levantar fervura e cozinhe em fogo baixo por 20 minutos, até amolecer. Escorra.

3 Cozinhe no vapor o alho-poró fatiado por 3 minutos. Retire do fogo e reserve.

4 Peneire o leite da infusão em uma frigideira grande e rasa. Arrume os filés no leite. Deixe levantar fervura, abaixe o fogo e cozinhe em fogo baixo por 3 minutos. Retire do fogo e deixe tampado por 5 minutos. Use uma colher vazada para transferir todo o peixe para um prato. Deixe esfriar um pouco. Preaqueça o forno a 200 °C.

5 Mexa o amido de milho diluído e incorpore-o ao leite quente na frigideira. Retorne a panela ao fogo e mexa até engrossar. Acrescente o queijo cremoso e mexa rapidamente. Em seguida, retire do fogo, adicione a salsinha e tempere com pimenta. Adicione todo o líquido que escorreu do peixe. Desmanche o peixe em pedaços grandes e coloque-o em um refratário de 2 litros. Espalhe por cima os camarões e o alho-poró; tempere com pimenta. Regue com o molho e mexa um pouco para distribuir o molho por igual e misturar tudo sem quebrar o peixe.

6 Com um garfo grande, pressione as batatas até quebrá-las (sem amassar) em pedaços grandes. Acrescente o azeite, a cebolinha e um pouco de pimenta. Com uma colher, espalhe as batatas ao murro sobre o peixe. Coloque o refratário em uma assadeira rasa e leve para assar por 25 a 30 minutos ou até o molho borbulhar e as batatas dourarem. Ou prepare todo o prato e leve à geladeira por algumas horas ou de um dia para o outro, então asse na mesma temperatura de antes por 45 minutos.

OUTRAS MANEIRAS DE USAR...

O molho de peixe e de alho-poró

Misture tudo com cuidado e sirva sobre um macarrão em formato de concha.

Exclua a manteiga e o creme do molho e confira cremosidade com um queijo cremoso light. Intensifique o sabor infundindo o leite com os temperos.

•

No lugar de um purê amanteigado e cheio de queijo, experimente as batatas ao murro com azeite de oliva.

Biryani de frango

Meu desafio foi reduzir a gordura e o sal ao mesmo tempo em que conservava as peculiaridades desta receita, com seu tempero aromático e suave, além de sua consistência úmida. Sirva com tomate gelado e raita de pepino.

	Clássica	Light
Valor energético	674 kcal	485 kcal
Gorduras totais	30,5 g	11,7 g
Gorduras saturadas	6,5 g	1,5 g
Sal	2 g	0,6 g

Por porção: 485 kcal
Proteínas: 40,1 g; carboidratos: 51,7 g; gorduras totais: 11,7 g; gorduras saturadas: 1,5 g; fibras: 2,7 g; açúcar: 7,1 g; sal: 0,6 g

Rendimento: 5 porções

Preparo: 25 minutos, mais o tempo para marinar e infundir
Cozimento: 1h25

- 3 dentes de alho bem picados
- 2 colheres (chá) de gengibre fresco bem ralado
- ¼ de colher (chá) de canela em pó
- 1 colher (chá) de açafrão-da-terra
- 5 colheres (sopa) de iogurte natural
- 600 g de peito de frango sem osso, sem pele, cortado em pedaços de 5 cm
- 2 colheres (sopa) de leite semidesnatado
- 1 boa pitada de estigmas de açafrão
- 4 cebolas médias
- 4 colheres (sopa) de óleo de canola
- ½ colher (chá) de pimenta chilli em pó
- 1 pauzinho de canela partido ao meio
- 5 bagas de cardamomo um pouco abertas
- 3 cravos-da-índia
- 1 colher (chá) de sementes de cominho
- 280 g de arroz basmati
- 700 ml de caldo de galinha
- 1 colher (chá) de garam masala
- folhas frescas de hortelã e de coentro picadas, para decorar
- sal e pimenta-do-reino preta moída na hora

1 Em uma tigela, misture o alho, o gengibre, a canela, o açafrão-da-terra, o iogurte, um pouco de pimenta-do-reino e ¼ de colher (chá) de sal. Acrescente os pedaços de frango e mexa para cobri-los. Tampe e deixe marinando na geladeira por cerca de 1 hora ou mais, caso tenha tempo. Aqueça o leite ligeiramente, acrescente o açafrão e deixe em infusão.

2 Preaqueça o forno a 200 °C. Corte as cebolas ao meio de comprido, reserve metade e corte o restante em fatias finas. Coloque 1½ colher (sopa) de óleo na assadeira rasa, espalhe as fatias de cebola por cima, mexa bem para cobrir por igual, então, arrume-as em uma camada fina e uniforme. Asse por 40 a 45 minutos, virando do outro lado na metade da cocção, até dourar.

3 Enquanto isso, quando a marinada do frango estiver pronta, corte a cebola restante em fatias finas. Aqueça 1 colher (sopa) do óleo em uma frigideira grande funda ou comum. Refogue a cebola por 4 a 5 minutos, até dourar. Acrescente o frango, uma colherada de cada vez, e cozinhe até não estar mais opaco, antes de acrescentar a próxima colher (isso evita que o iogurte talhe). Depois de acrescentar a última colherada de frango, refogue por mais 5 minutos. Acrescente a pimenta em pó e 100 ml de água; mexa bem. Tampe e cozinhe em fogo baixo por 15 minutos. Retire do fogo e reserve.

4 Aqueça outra colher (sopa) de óleo em uma frigideira grande e acrescente o pauzinho de canela, os cardamomos, os cravos e as sementes de cominho. Frite brevemente até sentir o perfume liberado pelas especiarias. Acrescente o arroz e refogue por 1 minuto, sem parar de mexer. Adicione o caldo de galinha e deixe ferver. Abaixe o fogo, tampe e cozinhe por cerca de 8 minutos ou até que todo o caldo tenha sido absorvido. Retire do fogo e deixe com a tampa por alguns minutos, para que o arroz fique soltinho. Misture o garam masala com o óleo que restou e reserve. Quando as cebolas estiverem prontas, retire do forno e reduza a temperatura para 180 °C.

5 Com uma colher, coloque o frango e os sucos da cocção em um refratário (25 x 18 x 6 cm) e espalhe por cima um terço da cebola assada. Retire todas as especiarias do arroz e espalhe metade dele sobre o frango e a cebola. Regue o óleo apimentado por cima e cubra com o resto do frango e um terço da cebola. Faça mais uma camada com o restante do arroz e regue por cima a infusão de açafrão no leite. Cubra com o resto da cebola, tampe bem com papel-alumínio e aqueça no forno por cerca de 25 minutos. Sirva decorado com a hortelã e o coentro.

Use óleo de canola ou ghee (manteiga clarificada) no lugar de manteiga para eliminar gordura.

•

Escolha peito de frango sem pele para reduzir gordura.

•

Use uma boa medida de especiarias e ervas para diminuir o sal.

•

Asse as cebolas em vez de fritá-las, assim menos óleo será usado.

RECEBER OS CONVIDADOS DE UM JEITO *LIGHT* 119

Paella

Esta especialidade espanhola é feita com uma mistura harmoniosa de carne e frutos do mar. A escolha dos ingredientes, entretanto, pode impactar a quantidade de gordura e sal. Com pequenas modificações, criei uma receita que ainda apresenta seu sabor original.

	Clássica	*Light*
Valor energético	729 kcal	609 kcal
Gorduras totais	25 g	8,6 g
Gorduras saturadas	7,5 g	2 g
Sal	2,3 g	1,9 g

Por porção: 609 kcal
Proteínas: 48,5 g; carboidratos: 77,5 g; gorduras totais: 8,6 g; gorduras saturadas: 2 g; fibras: 6,9 g; açúcar: 8,5 g; sal: 1,9 g

Rendimento: 4 porções
Preparo: 25 minutos, mais o tempo para a infusão
Cozimento: 30 minutos

Troque o chouriço pelo prosciutto para ajudar a reduzir gordura e recupere o sabor acrescentando páprica em pó defumada.

- 1 boa pitada de estigmas de açafrão, cerca de ¼ de colher (chá)
- 200 g de camarões cozidos na casca, frescos ou descongelados
- 1½ colher (sopa) de azeite de oliva
- 3 fatias de prosciutto sem gordura picadas grosseiramente
- 1 cebola bem picada
- 3 dentes de alho grandes bem picados
- 450 g de peito de frango sem osso e sem pele, cortado em cubos
- 1 pimentão vermelho grande sem miolo, sem sementes e picado
- 1½ colher (chá) de páprica
- ½ colher (chá) de páprica defumada
- 350 g de arroz para paella*
- 600 ml de caldo de frango quente, de boa qualidade
- 150 ml de vinho branco seco
- 200 g de tomates grosseiramente picados
- 100 g de ervilhas congeladas
- 100 g de vagens finas, aparadas e cortadas em pedaços de 2,5 cm
- 1 punhado de folhas lisas de salsinha picadas
- sal e pimenta-do-reino preta moída na hora
- gomos de limão-siciliano, para servir

1 Enquanto prepara a paella, misture o açafrão com 1 colher (sopa) de água quente para a liberação dos sabores; reserve. Descasque os camarões, conservando o rabo.

2 Aqueça 1 colher (sopa) de azeite em uma panela de paella ou uma frigideira funda e grande. Adicione o prosciutto e frite por cerca de 1 minuto, até ficar crocante. Retire com uma colher vazada, escorrendo toda a gordura, e reserve. Refogue a cebola e o alho na frigideira por 4 a 5 minutos, mexendo de vez em quando. Acrescente ½ colher (sopa) que sobrou do azeite e o frango; refogue em fogo médio por 5 minutos. Adicione o pimentão vermelho, a páprica e, por último, o arroz. O fundo da frigideira deve ficar cheio de alimento grudado, crocante e dourado, que agregará sabor.

3 Despeje o caldo, o vinho, 150 ml de água e a infusão de açafrão, raspando o fundo da panela para soltar o que ficou grudado. Acrescente o tomate, tampe e cozinhe em fogo médio por 10 minutos, mexendo de vez em quando. Espalhe por cima as ervilhas e os camarões, tampe de novo e cozinhe por mais 4 a 5 minutos ou até o arroz cozinhar e grande parte do líquido ter sido absorvida. Enquanto isso, cozinhe no vapor as vagens por 4 a 5 minutos e acrescente-as à frigideira.

4 Retire do fogo, mantenha a panela tampada e deixe a paella descansar por 5 minutos. Tempere a gosto com pimenta e um pouco de sal. Decore com salsinha e prosciutto e sirva com os gomos de limão.

* Você pode substituí-lo pelo arroz agulhinha ou arbóreo. (N. T.)

SOBREMESAS INCRIVELMENTE DELICIOSAS

Cheesecake à moda de Nova York

Uma boa receita para este clássico nova-iorquino garantirá as qualidades necessárias para uma textura cremosa, um gosto levemente ácido e uma cremosidade no meio da torta – ou seja, o tipo de sobremesa que você mal pode esperar para enfiar o garfo. Esta versão é bem mais leve, mas igualmente prazerosa.

	Clássica	Light
Valor energético	665 kcal	315 kcal
Gorduras totais	49 g	15 g
Gorduras saturadas	30,2 g	8 g
Açúcar	32,6 g	28 g

Por fatia: 315 kcal

Proteínas: 9 g; carboidratos: 37 g; gorduras totais: 15 g; gorduras saturadas: 8 g; fibras: 1 g; açúcar: 28 g; sal: 0,89 g

Rendimento: 10 fatias

Preparo: 25 minutos, mais o tempo para esfriar e gelar
Cozimento: 50 minutos

Para a base
35 g de manteiga

85 g de biscoitos digestivos com pouca gordura, bem triturados

Para o recheio
600 g de queijo cremoso light à temperatura ambiente

175 g de açúcar amarelo*

3 colheres (sopa) de amido de milho

1½ colher (chá) raspas de limão-siciliano bem finas

1 colher (chá) de suco de limão-siciliano

1 colher (chá) de extrato de baunilha

3 ovos grandes à temperatura ambiente, batidos

150 g de *fromage frais* (veja página 14)

Para a cobertura
25 g de açúcar amarelo

225 g de mirtilos

½ colher (chá) de raspas de limão-siciliano bem finas

100 g de *fromage frais*

1 Preaqueça o forno a 180 °C. Forre com papel-manteiga uma fôrma redonda de 20 cm de diâmetro com aro removível e coloque sobre uma assadeira rasa. Derreta a manteiga em uma caçarola e acrescente os biscoitos triturados. Pressione a mistura no fundo da fôrma e asse por 10 minutos. Retire do forno e aumente a temperatura para 240 °C.

2 Para o recheio, bata o queijo cremoso até alisar, usando uma batedeira comum em velocidade baixa. Acrescente com cuidado o açúcar, também em baixa velocidade, e, em seguida, o amido de milho sem bater demais. Raspe as laterais da vasilha. Devagar, acrescente sem parar de bater as raspas e o suco de limão, a baunilha e os ovos. Raspe as laterais da vasilha e, por fim, adicione o *fromage frais*. A mistura deve ficar macia e bem líquida.

* Pode ser substituído por açúcar refinado comum. (N. T.)

3. Despeje o recheio sobre a base de biscoito. Sacuda a fôrma para nivelar a mistura e retire as bolhas da superfície com uma colher de chá. Asse por 10 minutos. Em seguida, diminua o fogo para 110 °C. Asse por mais 25 minutos e, se estiver usando um forno elétrico, deixe a porta do forno entreaberta durante os três primeiros minutos. Depois de 25 minutos, balance a torta; você deve observar que o centro do recheio está um pouco mole. Se deixá-la mais tempo no forno, até ficar firme, é bem provável que rache depois. Desligue o forno e deixe a torta dentro com a porta fechada por 2 horas. Abra o forno, soltando as bordas da torta com uma faca sem ponta; em seguida, volte o cheesecake ao forno desligado por mais 1 hora a 1h30, para esfriar devagar.

4. Enquanto isso, coloque em uma caçarola pequena o açúcar da cobertura com 3 colheres (sopa) de água. Deixe levantar fervura em fogo baixo, mexendo para dissolver o açúcar, então cozinhe por 1 a 2 minutos, até formar um xarope ralo. Acrescente os mirtilos, mexa com cuidado e cozinhe por cerca de 1 minuto, só para romper ligeiramente a fruta e liberar os sucos roxos. Adicione as raspas de limão e deixe esfriar.

5. Espalhe o fromage frais sobre o cheesecake frio. Cubra com papel-alumínio e leve para gelar por pelo menos 4 horas (ou de um dia para o outro). Retire da geladeira 1 hora antes de servir, solte as laterais da torta completamente e desenforme, deslizando-a sobre um prato e retirando o papel-manteiga. Corte com um faca afiada e sirva cada fatia decorada com a cobertura de xarope de mirtilo.

Reduza gordura preparando uma massa mais fina e usando biscoitos mais leves.

•

Use queijo cremoso light no lugar do integral e fromage frais em vez de creme de leite azedo.

•

Use ovos inteiros em vez de mais gemas extras.

•

Tire o açúcar da massa e reduza a sua quantidade no recheio.

SOBREMESAS INCRIVELMENTE DELICIOSAS 125

Panna cotta de café

Esta é uma daquelas sobremesas às quais é difícil resistir. Contudo, como costuma ser preparada basicamente só com creme de leite, os níveis de gordura vão lá para o alto. Esta versão não decepcionará – é cremosa, de textura macia e suave, mas com bem menos gordura e calorias.

	Clássica	*Light*
Valor energético	591 kcal	270 kcal
Gorduras totais	54,2 g	19,2 g
Gorduras saturadas	33,7 g	12,2 g
Açúcar	23,4 g	17,7 g

Por porção: 270 kcal
Proteínas: 6,4 g; carboidratos: 17,8 g; gorduras totais: 19,2 g; gorduras saturadas: 12,2 g; fibras: 0 g; açúcar: 17,7 g; sal: 0,2 g

Rendimento: 4 porções
Preparo: 15 minutos, mais o tempo de infusão, o tempo para esfriar e várias horas para gelar (ou deixar durante a noite na geladeira)
Cozimento: 3 minutos

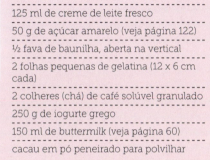

125 ml de creme de leite fresco
50 g de açúcar amarelo (veja página 122)
½ fava de baunilha, aberta na vertical
2 folhas pequenas de gelatina (12 x 6 cm cada)
2 colheres (chá) de café solúvel granulado
250 g de iogurte grego
150 ml de buttermilk (veja página 60)
cacau em pó peneirado para polvilhar

1 Coloque o creme de leite e o açúcar em uma caçarola pequena. Raspe as sementes da fava de baunilha na panela, adicionando a fava. Cozinhe em fogo baixo e mexa até o açúcar dissolver. Quando levantar fervura, retire do fogo e deixe em infusão por 5 minutos.

2 Enquanto isso, coloque as folhas de gelatina em um prato raso e despeje água fria por cima, até cobrir. Deixe hidratar por 4 a 5 minutos.

3 Retire as folhas da água e esprema bem para retirar o excesso; em seguida, misture a gelatina ao creme quente até dissolver. Acrescente o café solúvel e mexa também até dissolver. Deixe a mistura esfriar, mexendo de vez em quando para ela não firmar. A mistura deve ficar líquida.

4 Descarte a fava de baunilha. Em uma vasilha, bata o iogurte e o buttermilk, e, aos poucos, acrescente, sem parar de bater, a mistura fria de café. Transfira para uma jarra e distribua em quatro forminhas de 150 ml. Leve para gelar por 4 a 5 horas ou durante a noite.

5 Na hora de servir, mergulhe cada forminha em uma vasilha com água bem quente (até quase a borda), por alguns segundos apenas, para soltar a panna cotta. Vire a fôrma em um pratinho ou em um pires. Se a panna cotta não soltar, mergulhe de novo a forminha na água. Polvilhe um pouco de cacau em pó na sobremesa.

Troque o creme de leite enlatado pelo creme de leite fresco. Use iogurte grego e buttermilk para reduzir bem as gorduras e calorias.

Torta de chocolate

Uma torta de chocolate com sabor intenso – porém, com dois terços a menos de gordura. Para um agrado a mais, sirva cada fatia com 1 colher (sopa) de *crème fraîche* magro. Com ele, o teor de gordura aumentará para 15,3 g (as gorduras saturadas serão 8,6 g) por porção.

	Clássica	*Light*
Valor energético	542 kcal	243 kcal
Gorduras totais	39,4 g	13,4 g
Gorduras saturadas	24,2 g	7,3 g
Açúcar	25,1 g	13,7 g

Por fatia: 243 kcal
Proteínas: 4,4 g; carboidratos: 25,8 g; gorduras totais: 13,4 g; gorduras saturadas: 7,3 g; fibras: 1,3 g; açúcar: 13,7 g; sal: 0,3 g

Rendimento: 8 fatias
Preparo: 35 minutos, mais o tempo para gelar e esfriar
Cozimento: 25 minutos

Para a massa
140 g de farinha de trigo comum, mais extra para polvilhar
50 g de manteiga cortada em pedaços
2 colheres (chá) de cacau em pó
1 colher (sopa) de açúcar de confeiteiro
1 colher (sopa) de óleo de canola
1 gema de ovo médio

Para o recheio
100 g de chocolate amargo com 70% de cacau, bem picadinho
1 colher (sopa) de cacau em pó, mais ½ colher (sopa) para polvilhar
¾ de colher (chá) de café solúvel granulado
½ colher (chá) de essência de baunilha
2 colheres (sopa) de leite semidesnatado
2 claras de ovos médios
2 colheres (sopa) de açúcar mascavo
85 g de *crème fraîche* com 50% de gordura (veja página 29), mais extra para servir (opcional)

1 Coloque a farinha em uma vasilha e retire 2 colheres (chá) (serão substituídas pelo cacau depois). Acrescente a manteiga e desmanche-a na farinha com as pontas dos dedos até a mistura parecer uma farofa. Adicione o cacau e o açúcar de confeiteiro peneirados; em seguida, com uma espátula, acrescente o óleo, a gema e 1½ a 2 colheres (sopa) de água gelada; mexa até formar uma massa. Com cuidado, modele a massa até formar uma bola e, então, abra-a em uma superfície um pouco enfarinhada, deixando-a em um tamanho suficiente para ser colocada em uma fôrma redonda de 20 cm de diâmetro e 3,5 cm de profundidade, com aro removível e canelada. Com cuidado, forre a fôrma, deixando um pouco de massa para cima da borda. Fure ligeiramente a base com um garfo e leve para gelar por cerca de 10 minutos.

2 Preaqueça o forno a 190 °C. Coloque a fôrma em uma assadeira rasa. Cubra a massa com papel-alumínio e coloque feijões sobre ele. Pré-asse por 15 minutos ou até assentar. Com cuidado, retire os feijões e o alumínio e asse por mais 10 minutos ou até cozinhar a base. Retire do forno e, com cuidado, apare a massa em excesso com uma faca afiada, formando uma borda plana. Deixe esfriar completamente.

3 Para preparar o recheio, coloque o chocolate em uma vasilha refratária grande que irá encaixar na boca de uma caçarola com água fervente, sem tocar o fundo da panela. Misture o cacau, o café e a baunilha com o leite e despeje sobre o chocolate. Encaixe o refratário na panela com água fervente em fogo baixo, mexa e, imediatamente, retire a panela do fogo, com o refratário ainda sobre a água. Misture algumas vezes até derreter. Mexa o chocolate derretido – ele deve ficar bem espesso. Acrescente, sem parar de mexer, 2 colheres (sopa) de água fervente para o chocolate ficar mais ralo, sedoso e macio. Retire o refratário da panela e deixe esfriar ligeiramente.

4 Bata as claras em neve até formar picos firmes; então, misture o açúcar e bata até ficar espesso e brilhante. Adicione o crème fraîche ao chocolate esfriado. Com uma colher grande de metal, incorpore um terço das claras em neve à mistura de chocolate; em seguida, com bastante cuidado, incorpore o restante das claras em neve, um terço de cada vez, até a mistura ficar lisa. Desenforme a massa e coloque sobre um prato de servir. Com uma colher, espalhe por igual o recheio na massa. Antes de servir, leve para gelar por cerca de 3 horas, ou durante a noite. Sirva decorado com cacau e crème fraîche, se preferir.

Substitua parte da manteiga da massa por óleo de canola para reduzir gorduras saturadas.

No lugar do creme de leite, use menos crème fraîche magro e dê firmeza e textura com claras batidas em neve.

Escolha um chocolate amargo de boa qualidade, o que lhe permite usar menos dele para manter a gordura mais baixa. Reforce o sabor intenso com um pouquinho de cacau em pó.

SOBREMESAS INCRIVELMENTE DELICIOSAS 129

Sobremesa inglesa com morangos

Pique alguns morangos maduros, coloque-os em uma cumbuca cheia de creme de leite batido e adocicado e você terá a melhor combinação de sabores para um doce cremoso de frutas. Morangos e creme de leite são excelentes parceiros, mas o creme de leite deixa esta receita bem gordurosa. Ao trocar os ingredientes, descobri outras maneiras de criar o mesmo sabor magnífico, reduzindo em muito a gordura.

	Clássica	*Light*
Valor energético	452 kcal	169 kcal
Gorduras totais	40,4 g	9,1 g
Gorduras saturadas	25 g	5,8 g
Açúcar	20 g	15 g

Por porção: 169 kcal
Proteínas: 5,3 g; carboidratos: 15 g; gorduras totais: 9,1 g; gorduras saturadas: 5,8 g; fibras: 1,8 g; açúcar: 15 g; sal: 0,1 g

Rendimento: 4 porções
Preparo: 20 minutos, mais o tempo para gelar

500 g morangos frescos sem cabinho

1 colher (sopa) mais 1 colher (chá) de açúcar amarelo (veja página 122)

2 colheres (chá) de licor de cassis

50 ml de creme de leite fresco

140 g de iogurte grego

85 g de crème fraîche com 50% de gordura (veja página 29)

1 Pique grosseiramente os morangos e amasse com o açúcar e o cassis usando um garfo, se estiverem maduros, ou processe rapidamente em um processador de alimentos ou mixer. Tente não processar demais para conservar parte da fruta em pedaços.

2 Coloque os morangos em uma peneira fina sobre uma vasilha e deixe por cerca de 10 minutos para escorrer o excesso de suco; assim a sobremesa não ficará tão líquida.

3 Em uma vasilha grande, bata o creme de leite até formar picos moles e incorpore o iogurte e o *crème fraîche*. Adicione os morangos processados e reserve o suco escoado. Com uma colher, coloque o creme de morango em taças ou em cumbucas pequenas e leve para gelar por 1 ou 2 horas antes de servir. Sirva decorado com o suco da fruta.

Use iogurte grego, crème fraîche magro e um pouquinho de creme de leite batido para substituir o creme de leite enlatado e reduzir as gorduras totais e saturadas.

Pudim de pão de ló com frutas e creme

O acréscimo de mais frutas foi a maneira que encontrei para deixar esta receita de pão de ló mais leve e, ao mesmo tempo, prazerosa. Para simplificar o preparo, troquei a tradicional técnica de cozinhar o pudim no vapor na boca do fogão por cozinhá-lo no vapor no forno, em uma assadeira com água.

	Clássica	Light
Valor energético	529 kcal	318 kcal
Gorduras totais	28 g	14 g
Gorduras saturadas	16 g	8 g
Açúcar	50 g	27 g

Por porção (pudim): 318 kcal

Proteínas: 5 g; carboidratos: 45 g; gorduras totais: 14 g; gorduras saturadas: 8 g; açúcar: 27 g; sal: 0,69 g

	Clássica	Light
Valor energético	209 kcal	115 kcal
Gorduras totais	14,3 g	7 g
Gorduras saturadas	7,2 g	4 g
Açúcar	17,5 g	8 g

Por porção (creme): 115 kcal

Proteínas: 3 g; carboidratos: 11 g; gorduras totais: 7 g; gorduras saturadas: 4 g; açúcar: 8 g; sal: 0,10 g

Rendimento: 6 porções

Preparo: 20 minutos
Cozimento: 1h25

Para o pudim

1 maçã grande e doce sem casca, sem semente e dividida em quatro partes

140 g de amoras ou framboesas frescas ou congeladas

50 g de açúcar amarelo (veja página 122), mais 2 colheres (sopa)

140 g de farinha de trigo comum

1½ colher (chá) de fermento em pó

50 g de açúcar mascavo

85 g de manteiga à temperatura ambiente, mais extra para untar

2 ovos grandes

2 colheres (sopa) de leite semidesnatado

raspas bem finas de 1 laranja

Para o creme

25 g de açúcar amarelo

1½ colher (chá) de custard powder*

1½ colher (chá) de amido de milho

300 ml de leite semidesnatado

1 gema de ovo grande

1 fava de baunilha

200 ml de crème fraîche com 50% de gordura (veja página 29)

1 Unte ligeiramente com um pouco de manteiga uma fôrma de pudim de 1 litro. Preaqueça o forno a 180 °C. Rale grosseiramente um quarto da maçã e corte o restante em fatias finas. Combine as fatias da maçã com as frutas vermelhas e misture com 2 colheres (sopa) de açúcar amarelo. Coloque metade dessa mistura na base da fôrma.

2 Misture a farinha com o fermento. Em uma batedeira comum, bata a manteiga e os açúcares até a mistura ficar clara e cremosa. Acrescente 1 ovo e bata bem; em seguida, acrescente o outro ovo e bata de novo (a mistura parecerá talhada). Acrescente metade da mistura de farinha peneirada e incorpore com cuidado. Aos poucos, adicione metade do leite e, em seguida, repita o mesmo com o restante da farinha e do leite; depois, adicione as raspas de laranja e a maçã ralada.

* Pode ser substituído pela mistura para creme de confeiteiro. (N. T.)

3 Espalhe dois terços da massa sobre a mistura de frutas, na base da fôrma, e nivele. Acrescente o restante da fruta por cima e cubra com o que restou da massa. Coloque a fôrma em uma assadeira funda pequena com água quente até a metade. Asse por 1h25 (cubra o pudim com papel-alumínio nos últimos 15 minutos, caso esteja dourando rápido demais) ou até um palito sair limpo quando inserido no meio da massa.

4 Enquanto isso, prepare o creme. Em uma vasilha, misture o açúcar, o custard powder e o amido com 1 colher (sopa) de leite, fazendo uma pasta. Acrescente a gema e bata. Despeje o restante do leite na panela, abra a fava de baunilha na vertical e raspe as sementes dentro. Acrescente a fava ao leite e deixe ferver. Derrame o leite sobre a pasta de amido, mexa e transfira para uma panela limpa. Cozinhe em fogo médio, mexendo sem parar, e deixe engrossar até o creme cobrir as costas de uma colher. Retire do fogo e acrescente o crème fraîche.

5 Solte o pudim das laterais da fôrma com uma faca sem ponta e, com cuidado, vire-o sobre uma travessa. Sirva com o creme.

Use menos manteiga e ovos no pudim e acrescente leite semidesnatado para reduzir gordura.

•

No creme, substitua o leite integral pelo semidesnatado. Substitua parte das gemas pelo custard powder e o amido de milho; troque o creme de leite pelo crème fraîche magro para diminuir ainda mais a gordura.

•

Substitua parte do açúcar do pudim por raspas de laranja e frutas frescas para conferir sabor.

SOBREMESAS INCRIVELMENTE DELICIOSAS 133

Pudim de pão de ló

A versão clássica leva muita gordura e açúcar, mas, com algumas mudanças e reduções, consegui deixar o pudim leve, molhadinho e doce na medida certa.

	Clássica	Light
Valor energético	540 kcal	359 kcal
Gorduras totais	27,8 g	12,6 g
Gorduras saturadas	16,5 g	3,7 g
Açúcar	46,9 g	33,1 g

Por pudim: 359 kcal
Proteínas: 7,4 g; carboidratos: 53,6 g; gorduras totais: 12,6 g; gorduras saturadas: 3,7 g; fibras: 1,2 g; açúcar: 33,1 g; sal: 0,9 g

Rendimento: 6 pudins
Preparo: 25 minutos
Cozimento: 20 a 25 minutos

5 colheres (sopa) de *golden syrup**
1 laranja pequena (½ colher [chá] de raspas bem finas e 2 colheres [sopa], mais 1 colher [chá] de suco)
175 g de farinha de trigo com fermento
1½ colher (chá) de fermento em pó
100 g de açúcar mascavo claro
25 g de amêndoas moídas
2 ovos grandes
175 g de iogurte natural
1 colher (chá) de *black treacle**
25 g de manteiga derretida
2 colheres (sopa) de óleo de canola, mais ¼ de colher (chá) para untar

1. Preaqueça o forno a 180 °C. Unte seis forminhas de pudim de 200 ml com um quarto de colher (chá) de óleo e coloque em uma assadeira rasa. Misture 4 colheres (sopa) de *golden syrup*, as raspas e 2 colheres (sopa) do suco de laranja; forre o fundo das forminhas com essa mistura.

2. Misture a farinha, o fermento, o açúcar e as amêndoas moídas em uma vasilha grande, deixando um buraco no centro. Em outra vasilha, bata os ovos e acrescente o iogurte e o *black treacle*. Despeje essa mistura, junto à manteiga derretida e 2 colheres (sopa) de óleo, sobre os ingredientes secos e mexa rapidamente com uma colher grande de metal, só até a mistura ficar lisa. Divida a massa por igual entre as forminhas. Asse por 20 a 25 minutos ou até o pudim ter subido até a borda e parecer firme.

3. Misture o *golden syrup* que sobrou com 1 colher (chá) de suco de laranja para regar os pudins como se fosse um molho. Na hora de servir, nivele os pudins para que fiquem assentados no prato. Solte as laterais com uma faca sem ponta e vire-os nos pratos. Raspe todo o resto de *syrup* das forminhas e coloque sobre os pudins, então finalize com um fio do molho por cima e em volta também.

Na massa, substitua parte da manteiga por iogurte e óleo de canola para reduzir gorduras totais e saturadas.

* Esses ingredientes podem ser difíceis de encontrar. Neste caso, recorra a casas importadoras especializadas. (N. E.)

Tiramisu

Este doce foi o mais pedido quando o assunto era transformar uma receita clássica em uma mais *light*. Todos sabem da gordura nele presente, mas o sabor cremoso adorável dificilmente é ignorado. Assim, para esta receita, busquei um bom equilíbrio entre a mistura de queijos e o *crème fraîche*.

	Clássica	*Light*
Valor energético	442 kcal	220 kcal
Gorduras totais	30,6 g	10,1 g
Gorduras saturadas	17,7 g	5,8 g
Açúcar	24,9 g	17,4 g

Por porção: 220 kcal
Proteínas: 5,7 g; carboidratos: 25,5 g; gorduras totais: 10,1 g; gorduras saturadas: 5,8 g; fibras: 0,3 g; açúcar: 17,4 g; sal: 0,25 g

Rendimento: 8 porções
Preparo: 35 minutos, mais o tempo para esfriar e gelar
Cozimento: 10 minutos

Para as camadas de pão de ló
250 ml de café forte, de preferência preparado com grãos de café moídos na hora
1 colher (sopa) de açúcar amarelo (veja página 122)
4 colheres (sopa) de vinho Marsala
18 bolachas champanhe

Para o recheio
1 colher (sopa) de açúcar amarelo
1 colher (sopa) de amido de milho
150 ml de leite semidesnatado
1 ovo médio
½ fava de baunilha aberta na vertical
85 g de crème fraîche com 50% de gordura (veja página 29)
1 colher (sopa) de vinho Marsala
140 g de queijo mascarpone light (veja página 40)
100 g de queijo cremoso light
½ colher (chá) de cacau em pó peneirado para polvilhar
framboesas frescas para decorar (opcional)

1 Prepare o líquido à base de café que será usado para embeber as bolachas. Misture o café com o açúcar e coloque em um refratário raso. Acrescente o vinho Marsala e deixe esfriar.

2 Enquanto isso, prepare o recheio. Coloque o açúcar e o amido de milho em uma caçarola, de preferência antiaderente. Acrescente 1 colher (sopa) de leite, formando uma pasta fina e lisa. Separe a gema da clara e coloque a clara em uma vasilha; reserve. Adicione a gema à caçarola e misture com a pasta de amido, acrescentando o restante do leite. Raspe as sementes da fava de baunilha na panela, adicionando a fava. Cozinhe em fogo médio-baixo por cerca de 8 a 10 minutos, sem ferver, mexendo sem parar até a mistura engrossar e cobrir as costas de uma colher de pau. Retire do fogo e acrescente o crème fraîche e o vinho Marsala; mexa. Transfira a mistura para uma vasilha, cubra com papel-filme e leve para gelar.

3 Para montar, forre uma fôrma de bolo inglês (23 x 13 x 6 cm) com papel-filme, deixando um excesso para fora da borda. Bata o mascarpone com o queijo cremoso e adicione a mistura ao restante do recheio gelado. Bata a clara em neve até formar picos firmes e, com cuidado, incorpore ao recheio usando uma colher grande de metal.

4 Mergulhe uma bolacha champanhe na mistura de café, virando-a de lado rapidamente, por alguns segundo apenas, para cobrir e hidratar, e retire logo para não encharcar demais. Se deixar no café, a bolacha vai desmanchar. Arrume-a de comprido na base da fôrma. Faça o mesmo com outras cinco bolachas, aparando o excesso, se necessário, para que caibam e forrem a base da fôrma. Retire a fava de baunilha do recheio e espalhe metade do recheio sobre as bolachas. Em seguida, repita o mesmo com outras seis bolachas champanhe e espalhe o restante do recheio sobre elas. Mergulhe na mistura de café as bolachas que sobraram, colocando-as por cima de tudo. Envolva o tiramisu com o papel-filme que ficou para fora e leve para gelar durante a noite.

5 Na hora de servir, vire a fôrma sobre uma travessa e, com cuidado, retire o papel-filme. Polvilhe com o cacau em pó e decore com as framboesas, se quiser. Fatie e sirva no mesmo dia.

Reduza a quantidade de gemas e de açúcar preparando um creme com pouca gordura no lugar do sabayon.

•

Troque o mascarpone integral por uma mistura de mascarpone light e queijo cremoso light.

•

Diminua a quantidade de mascarpone e aumente o recheio, acrescentando clara em neve.

•

Sirva quantias menores, preparando o doce em uma fôrma de bolo inglês e cortando em fatias.

Torta de limão-siciliano

Esta sobremesa cremosa e com sabor levemente ácido é bem difícil de alterar. Entretanto, encontrei maneiras de diminuir a gordura e o açúcar e, ainda assim, conservar a doçura, com um toque amanteigado da massa, e o irresistível sabor do recheio.

	Clássica	*Light*
Valor energético	323 kcal	186 kcal
Gorduras totais	18 g	9 g
Gorduras saturadas	9 g	4 g
Açúcar	27 g	15 g

Por fatia: 186 kcal
Proteínas: 4 g; carboidratos: 24 g; gorduras totais: 9 g; gorduras saturadas: 4 g; fibras: 0 g; açúcar: 15 g; sal: 0,14 g

Rendimento: 12 fatias finas
Preparo: 35 minutos, mais o tempo para gelar e descansar
Cozimento: 50 a 55 minutos

Para a massa
50 g de manteiga cortada em pedaços
140 g de farinha de trigo comum, mais extra para polvilhar
1 colher (sopa) de açúcar de confeiteiro peneirado
1 colher (sopa) de óleo de canola extravirgem
1 gema de ovo médio

Para o recheio
3 ovos médios, mais 2 claras de ovos médios
140 g de açúcar de confeiteiro, mais extra para polvilhar
2 colheres (sopa) de raspas de limão-siciliano bem finas
125 ml de suco de limão-siciliano
200 ml de crème fraîche com 50% de gordura (veja página 29)

Reduza a gordura substituindo parte da manteiga da massa por óleo de canola. Diminua a quantidade de gemas do recheio. Troque o creme de leite pelo crème fraîche magro.

1 Em uma vasilha, desmanche a manteiga na farinha com as pontas dos dedos até parecer uma farofa. Acrescente o açúcar de confeiteiro e faça um buraco no centro. Com uma faca sem ponta, misture o óleo, a gema e 1½ ou 2 colheres (sopa) de água gelada, formando uma massa. Sem trabalhar demais, modele até formar uma bola. Sobre uma superfície levemente enfarinhada, abra a massa no tamanho de uma fôrma redonda e canelada para torta, com fundo removível (23 x 2 cm). Ajeite a massa na fôrma e apare o excesso passando o rolo sobre a borda. Pressione a massa para dentro das pregas, deixando um pouquinho acima da borda. Fure delicadamente a base com um garfo e leve para gelar por 10 minutos. Preaqueça o forno a 190 °C.

2 Prepare o recheio. Em uma vasilha, bata os ovos e as claras com uma colher de pau até ficar homogêneo. Peneire o açúcar de confeiteiro em outra vasilha e acrescente aos poucos os ovos, batendo. Se a mistura estiver com grumos, bata com um fouet. Adicione as raspas e o suco de limão. Deixe descansar para incorporar o sabor de limão enquanto assa a massa.

3 Coloque a massa refrigerada em uma assadeira rasa. Forre com papel-manteiga e cubra com feijões. Pré-asse por 20 minutos até firmar. Tire com cuidado os feijões e o papel e asse por mais 3 a 5 minutos, até a base cozinhar e dourar de leve.

4 Peneire a mistura de limão. Em uma vasilha, bata o crème fraîche até alisar e acrescente aos poucos a mistura de limão. Mexa até misturar bem. Transfira para uma jarra e, com cuidado, despeje dois terços sobre a massa morna. Coloque no forno com a grade um pouco para fora, complete com o restante do recheio e arraste a grade do forno de volta, delicadamente. Reduza a temperatura para 150 °C. Asse por 25 a 30 minutos, até firmar, mas sem endurecer demais no centro. Deixe esfriar por cerca de 1 hora, então sirva polvilhada com um pouco de açúcar de confeiteiro. Melhor consumir no mesmo dia.

Trifle de mirtilo*

Em busca de um trifle mais leve e delicioso, considerei cada camada desta receita com muito cuidado a fim de conservar a sua elegância. As camadas de creme, bolo e frutas podem ser preparadas um dia antes da montagem.

	Clássica	*Light*
Valor energético	713 kcal	292 kcal
Gorduras totais	53 g	18 g
Gorduras saturadas	28 g	10 g
Açúcar	34 g	20 g

Por porção: 292 kcal
Proteínas: 8 g; carboidratos: 26 g; gorduras totais: 18 g; gorduras saturadas: 10 g; fibras: 1 g; açúcar: 20 g; sal: 0,28 g

Rendimento: 8 porções
Preparo: 30 minutos, mais o tempo para esfriar e gelar
Cozimento: 30 minutos

Para o creme
25 g de açúcar amarelo (veja página 122)
2 colheres (chá) de custard powder (veja página 130)
2½ colheres (chá) de amido de milho
350 ml de leite semidesnatado
1 gema de ovo grande
1 fava de baunilha aberta na vertical
200 ml de *crème fraîche* com 50% de gordura (veja página 29)

Para o bolo
óleo de canola para untar
50 g de açúcar amarelo
2 ovos grandes
50 g de farinha de trigo com fermento
2 colheres (sopa) de geleia de mirtilo selvagem sem açúcar
3 colheres (sopa) de vinho Marsala

Para a fruta
2 colheres (sopa) de açúcar amarelo
raspas bem finas de 1 limão-taiti pequeno
225 g de mirtilos frescos

Para a cobertura
200 g de iogurte grego
250 g de queijo mascarpone light (veja página 40)
2 colheres (chá) de açúcar amarelo

1 Prepare o creme: em uma vasilha, misture o açúcar, o custard powder e o amido de milho com 1 colher (sopa) de leite até obter uma pasta líquida. Em seguida, acrescente a gema; mexa. Em uma panela, coloque o restante do leite, raspe as sementes de baunilha e acrescente a fava. Deixe levantar fervura. Acrescente o leite morno à pasta de amido, mexendo sempre, e transfira tudo para uma panela limpa. Cozinhe em fogo médio, sem parar de mexer, até engrossar. Retire do fogo e adicione o crème fraîche, mexendo até a mistura ficar lisa. Coloque o creme em uma vasilha, cubra a superfície com papel-filme para não formar uma película, deixe esfriar e leve para gelar bem.

* Receita típica da Inglaterra que se assemelha ao nosso pavê. (N. T.)

2 Prepare o bolo: preaqueça o forno a 180 °C. Unte com um pouco de óleo uma fôrma redonda de 20 cm e forre o fundo com papel-manteiga. Bata o açúcar com os ovos em uma batedeira comum por 5 minutos, até a mistura engrossar, ficar mais clara e na consistência de creme de leite batido. Acrescente a farinha e bata rapidamente até homogeneizar. Coloque a massa na fôrma e nivele com cuidado, prestando atenção para não apertá-la. Asse por 25 minutos até crescer. Retire do fogo e deixe esfriar sobre uma grade. Retire o papel-manteiga e parta o bolo ao meio, obtendo um semicírculo. (Congele uma das metades para a próxima vez.) Com uma faca, divida o semicírculo ao meio e faça um sanduíche com as duas partes, recheando com a geleia de mirtilo.

3 Para a fruta, coloque o açúcar e as raspas de limão em uma panela com 2 colheres (sopa) de água. Deixe levantar fervura, devagar, até dissolver o açúcar, então ferva por 1½ a 2 minutos, até virar um xarope. Acrescente os mirtilos e cozinhe rapidamente, mexendo uma ou duas vezes apenas, até começar a rachar e liberar o suco (mas ainda se conservam inteiros), formando um xarope roxo. Reserve até esfriar.

4 As camadas de pão de ló e de creme podem ser montadas 2 a 3 horas antes de servir. Corte o bolo recheado com geleia em cubos e coloque na base de uma taça de vidro. Regue com o vinho Marsala. Reserve um quarto das frutas para a cobertura e espalhe o resto sobre o bolo com um pouquinho do xarope. Descarte a fava e derrame o creme sobre a fruta.

5 Logo antes de servir, bata o iogurte, o mascarpone e o açúcar até obter uma mistura homogênea e cremosa. Despeje sobre o creme e finalize com as frutas que sobraram e o xarope. Com um palito, faça desenhos circulares com o líquido sobre a cobertura de creme. Sirva imediatamente ou o xarope irá manchar a cobertura. Melhor consumir no mesmo dia.

Para a base, prepare um pão de ló sem gordura.

Diminua a quantidade de gemas do creme e substitua o creme de leite por crème fraîche magro. Em vez de creme de leite, use mascarpone light e iogurte grego na cobertura.

Torta de maçã

Uma torta deliciosa, doce e frutada com uma massa amanteigada – a maneira perfeita de finalizar uma refeição. A redução da gordura e do açúcar, escondidos em suas camadas, faz desta versão um prazer mais livre de culpa, e o sabor continua a satisfazer tanto quanto a versão clássica.

	Clássica	Light
Valor energético	376 kcal	260 kcal
Gorduras totais	19,9 g	11,3 g
Gorduras saturadas	13,6 g	5,8 g
Açúcar	24,8 g	19,8 g

Por porção: 260 kcal
Proteínas: 2,7 g; carboidratos: 31,4 g; gorduras totais: 11,3 g; gorduras saturadas: 5,8 g; fibras: 4,4 g; açúcar: 19,8 g; sal: 0,4 g

Rendimento: 6 porções
Preparo: 35 minutos, mais o tempo para esfriar
Cozimento: 50 minutos

Para o purê

400 g de maçãs da variedade vermelha, sem pele, sem sementes e picadas grosseiramente

3 colheres (sopa) de suco de maçã

½ colher (chá) de essência de baunilha

Para a massa e o recheio

250 g de massa folhada pronta

farinha de trigo comum para polvilhar

550 g de maçãs da variedade vermelha, sem pele, sem sementes e bem fatiadas

3 colheres (chá) de açúcar de confeiteiro

1 colher (sopa) de geleia de damasco

1 Para o purê, coloque as maçãs em uma caçarola média, acrescente o suco e cozinhe em fogo baixo, com tampa, por 20 a 25 minutos, até ficarem bem macias, mantendo a chama branda para que não ressequem. Retire do fogo e amasse com um garfo, formando um purê grosso. Acrescente a baunilha e deixe esfriar.

2 Preaqueça o forno a 220 °C. Sobre uma superfície levemente enfarinhada, abra a massa bem fininho em um círculo de 33 cm de diâmetro. Enrole as bordas sobre a base, formando uma margem estreita e resultando em um círculo de 30 cm de diâmetro. Espalhe o purê de maçã frio sobre a base, até a margem. Começando pela borda externa e rodeando toda a margem, arrume as fatias de maçã sobre o purê formando círculos concêntricos. Polvilhe por cima 2 colheres (chá) de açúcar de confeiteiro.

3 Asse por cerca de 20 minutos ou até amolecer as maçãs. Peneire o resto do açúcar de confeiteiro por cima e retorne ao fogo por mais 5 minutos para que as maçãs dourem de leve nas pontas.

4 Misture a geleia de damasco com 1 colher (sopa) de água morna e pincele por cima das fatias assadas de maçã e nas bordas da massa para dar brilho.

Diminua o açúcar usando maçãs que sejam melhores consumidas cruas – no lugar de maçãs para o cozimento – por sua doçura natural.

Sorvete de baunilha

Dizem que para um sorvete ser bom, ele precisa ter altos teores de gordura e açúcar. Por isso, esta receita exigiu certa sabedoria química. O açúcar impede que o sorvete vire um cubo de gelo, e uma certa quantidade de gordura é necessária para conferir sabor e textura.

	Clássica	*Light*
Valor energético	285 kcal	148 kcal
Gorduras totais	23 g	8 g
Gorduras saturadas	12 g	4 g
Açúcar	16,6 g	15 g

Por porção: 148 kcal
Proteínas: 4 g; carboidratos: 17 g; gorduras totais: 8 g; gorduras saturadas: 4 g; fibras: 0 g; açúcar: 15 g; sal: 0,11 g

Rendimento: 8 bolas
Preparo: 10 minutos, mais o tempo para esfriar, bater ou misturar e congelar
Cozimento: 10 minutos

85 g de açúcar cristal amarelo ou açúcar amarelo (veja página 122)
1½ colher (chá) de custard powder (veja página 130)
1½ colher (chá) de amido de milho
500 ml de leite integral
2 gemas de ovos grandes
1 fava de baunilha cortada ao meio na vertical
200 ml de crème fraîche com 50% de gordura (veja página 29)
framboesas ligeiramente amassadas para servir

1 Antes de tudo, coloque a cuba de refrigeração da sorveteira no freezer para gelar, caso isso sirva para a sua máquina. É possível também preparar esta receita sem a sorveteira.

2 Em uma vasilha, misture o açúcar, o custard powder e o amido de milho com 2 colheres (sopa) de leite, formando uma pasta fina. Acrescente os ovos e bata. Coloque o restante do leite em uma caçarola e raspe as sementes de baunilha dentro, adicionando também a fava. Deixe levantar fervura. Despeje devagar essa mistura sobre a pasta de amido, mexendo sem parar. Limpe a panela e coloque de volta a mistura de leite e a fava. Cozinhe em fogo médio, mexendo sem parar, até começar a ferver e engrossar o bastante para cobrir as costas de uma colher.

3 Retire do fogo, acrescente o crème fraîche e coloque em uma vasilha. Cubra a superfície com papel-filme para não formar uma película e deixe esfriar. Leve ao congelador até gelar bem, por pelo menos 4 a 5 horas, mas de preferência durante a noite.

4 Retire a fava de baunilha e transfira o creme para uma jarra. Ligue a sorveteira e despeje devagar o creme dentro. Deixe bater por 10 a 30 minutos (isso dependerá da sua máquina). Quando acabar, transfira para um pote de plástico, cubra com papel-filme, tampe e leve para congelar por pelo menos 3 a 4 horas. (Se você não tiver uma sorveteira, coloque o creme em um pote de plástico bem resistente e leve ao congelador por várias horas, mexendo com um garfo de 1 em 1 hora. Isso ajudará a formar uma textura suave. Quando o creme estiver quase congelado, deixe no congelador por mais 3 a 4 horas, pelo menos.)

5 Para melhores resultados, deixe o sorvete amolecer na geladeira por 1 a 1½ hora antes de servir. Sirva com as framboesas. Esta sobremesa pode ser armazenada por até 1 mês no freezer, mas não pode ser congelada de novo.

Use menos gemas e elimine o creme de leite enlatado para reduzir gorduras; substitua-os por crème fraîche magro, custard powder e amido de milho.

Mousse de chocolate

Esta sobremesa sofisticada é uma ótima opção para um jantar especial. Para servi-la em uma versão mais *light*, como um pudim tamanho família, use o chocolate amargo comum, que tem uma porcentagem menor de cacau (entre 40 e 50%), porém isso aumentará o teor de açúcar de cada porção. Esta receita é a preferida dos chocólatras e tem menos da metade de gordura da receita clássica.

	Clássica	*Light*
Valor energético	397 kcal	167 kcal
Gorduras totais	29 g	10 g
Gorduras saturadas	14 g	5 g
Açúcar	20 g	11 g

Por porção: 167 kcal

Proteínas: 4 g; carboidratos: 15 g; gorduras totais: 10 g; gorduras saturadas: 5 g; fibras: 2 g; açúcar: 11 g; sal: 0,12 g

Rendimento: 4 porções

Preparo: 20 minutos, mais o tempo para esfriar e gelar

---

85 g de chocolate amargo com 70% de cacau

1 colher (sopa) de cacau em pó, mais extra para polvilhar

½ colher (chá) de café solúvel granulado

½ colher (chá) de essência de baunilha

2 claras de ovos médios

1 colher (sopa) de açúcar amarelo (veja página 122)

50 g de iogurte grego integral

framboesas frescas para decorar

---

1. Pique o chocolate em pedacinhos e coloque em uma vasilha refratária que caiba sobre uma panela com água fervente. Misture o cacau, o café e a essência de baunilha com 2 colheres (sopa) de água gelada, então despeje sobre o chocolate. Coloque a vasilha sobre a água fervente em fogo baixo, mexa bem e retire do fogo. Deixe a vasilha descansar ainda sobre a panela com água e mexa algumas vezes até derreter.

2. Mexa o chocolate derretido – ele estará bem grosso. Acrescente 2 colheres (sopa) de água fervente para o chocolate ficar mais ralo, sedoso e macio. Deixe esfriar um pouco.

3. Em uma vasilha, bata as claras em neve até formar picos bem moles, então acrescente o açúcar e bata até a mistura engrossar e ficar brilhante.

4. Adicione o iogurte ao chocolate frio e mexa. Com uma colher grande de metal, incorpore um terço das claras em neve à mistura de chocolate e, em seguida, incorpore com muito cuidado o restante das claras até ficarem distribuídas por igual – tomando o cuidado de não mexer demais para que a mousse não perca o volume. Disponha em quatro xícaras pequenas ou em ramequins de 125 a 150 ml e leve para gelar por algumas horas ou durante a noite.

5. Coloque cada mousse sobre um pires ou pratinho. Decore com as framboesas e polvilhe com um pouquinho de cacau em pó. Esta sobremesa pode ser armazenada na geladeira por até 2 dias.

Reduza a gordura eliminando as gemas de ovo, a manteiga e o creme de leite, substituindo um pouquinho do chocolate pelo cacau em pó e usando iogurte grego.

Crumble de maçã e amora

Igual a muitas sobremesas repletas de frutas, o popular crumble pode parecer uma opção saudável, porém possui outros ingredientes que são ricos em gorduras e calorias. Ao se fazer algumas alterações simples, que não comprometem o sabor, açúcar e gordura são substancialmente reduzidos.

	Clássica	Light
Valor energético	493 kcal	353 kcal
Gorduras totais	21,6 g	11,9 g
Gorduras saturadas	9,5 g	3,2 g
Açúcar	45,1 g	33,7 g

Por porção: 353 kcal

Proteínas: 5,9 g; carboidratos: 54,1 g; gorduras totais: 11,9 g; gorduras saturadas: 3,2 g; fibras: 6,5 g; açúcar: 33,7 g; sal: 0,1 g

Rendimento: 5 porções

Preparo: 35 minutos
Cozimento: 35 minutos

Para o crumble

85 g de farinha de trigo comum

3 colheres (sopa) de amêndoas moídas

50 g de aveia em flocos finos

25 g de manteiga amolecida e cortada em pedaços

3 colheres (sopa) de açúcar amarelo (veja página 122)

1 colher (chá) de canela em pó

1 colher (sopa) de avelãs torradas e picadas

1½ colher (sopa) de óleo de canola

Para a fruta

2 laranjas

1 colher (sopa) de açúcar demerara

800 g de maçãs da variedade vermelha, sem casca, sem sementes e cortadas em pedaços pequenos

175 g de amoras frescas

1 colher (sopa) de amido de milho

1. Prepare a cobertura do crumble. Coloque em uma vasilha a farinha, as amêndoas moídas, a aveia e a manteiga. Desmanche a manteiga com as pontas dos dedos até formar uma farofa grossa. Acrescente o açúcar, a canela, as avelãs e o óleo, misturando tudo com os dedos até ficar homogêneo. Reserve. Preaqueça o forno a 190 °C.

2. Rale fino 1 colher (chá) da casca de uma das laranjas e reserve. Esprema o suco das 2 laranjas, obtendo um volume de 100 ml. Complete com água, se necessário. Coloque o suco de laranja e o açúcar em uma caçarola e cozinhe em fogo baixo por 1 minuto para dissolver o açúcar e formar uma espécie de xarope.

3. Adicione à caçarola as maçãs, as raspas da laranja e 4 colheres (sopa) de água; cozinhe em fogo baixo por 5 minutos ou até as maçãs começarem a amolecer (elas serão finalizadas no forno). Acrescente as amoras e cozinhe por mais 1 a 2 minutos para liberar o suco e colorir o líquido. Adicione o amido e deixe a mistura borbulhar rapidamente para engrossar e formar um molho. Se preferir o molho um pouco mais ralo, ajuste com um pouco mais de água.

4. Disponha as frutas na base de um refratário (25 x 20 x 5 cm) e espalhe por cima a cobertura de aveia, sem apertar, deixando bem soltinha. Asse por cerca de 25 minutos ou até dourar a cobertura e as frutas e o suco estar borbulhando ao redor da borda. Retire do forno e deixe descansar por 10 a 15 minutos antes de servir.

Em vez de adicionar mais açúcar, confira sabor e deixe o crumble crocante com canela e um pouco de nozes. Para aumentar o teor de fibra, inclua a aveia para substituir parte da farinha.

SOBREMESAS INCRIVELMENTE DELICIOSAS 149

Semifreddo com frutas

Para ter certeza de que a textura maravilhosa desta receita não seria perdida, adaptei o método de cocção e os ingredientes, recriando a mesma sensação de prazer, mas de um jeito bem mais *light*.

	Clássica	Light
Valor energético	322 kcal	162 kcal
Gorduras totais	27,5 g	9 g
Gorduras saturadas	15,7 g	5,6 g
Açúcar	15 g	13,9 g

Por porção: 162 kcal
Proteínas: 4,4 g; carboidratos: 15,7; gorduras totais: 9 g; gorduras saturadas: 5,6 g; fibras: 1,8 g; açúcar: 13,9 g; sal: 0,1 g

Rendimento: 8 porções

Preparo: 30 minutos, mais o tempo para esfriar, gelar e congelar
Cozimento: 8 minutos

50 g de açúcar amarelo (veja página 122)
1½ colher (chá) de custard powder (veja página 130)
1½ colher (chá) de amido de milho
250 ml de leite integral
1 gema de ovo grande
200 ml de crème fraîche com 50% de gordura (veja página 29)
¼ de colher (chá) de essência de baunilha
250 g de iogurte grego
450 g de frutas vermelhas congeladas, como groselhas vermelhas e pretas, e frutas silvestres pequenas, como morangos, framboesas e amoras
2 colheres (chá) de açúcar de confeiteiro

1 Misture o açúcar, o custard powder e o amido em uma vasilha com 2 colheres (sopa) de leite. Acrescente a gema e bata. Coloque o restante do leite em uma caçarola e, assim que levantar fervura, despeje-o sobre a mistura de amido, mexendo sem parar. Transfira para uma panela limpa, de preferência antiaderente, e cozinhe em fogo médio, sem parar de mexer com uma colher de pau, até a mistura começar a ferver, engrossar e cobrir as costas da colher – cerca de 5 minutos. Retire do fogo e acrescente o crème fraîche e a baunilha. Coloque em uma vasilha. Cubra com papel-filme e deixe esfriar. Depois que estiver frio, deixe na geladeira durante a noite.

2 Forre o fundo de uma fôrma de bolo inglês de 1 kg (22 x 13 x 6 cm) com papel-manteiga. Coloque o creme gelado no processador de alimentos com o iogurte e 300 g das frutas congeladas. Processe rapidamente para misturar tudo e romper um pouco as frutas. É importante que elas estejam congeladas, pois isso também ajudará a congelar toda a mistura. Despeje-a ou coloque-a em colheradas na fôrma, tampe e congele por cerca de 6 horas. Coloque o resto das frutas em uma peneira e deixe sobre uma vasilha pequena para descongelar e escorrer o suco.

3 Quando todas as frutas estiverem descongeladas, reserve um punhado para decorar e passe o resto pela peneira, formando um coulis de fruta. Acrescente o açúcar de confeiteiro para adoçar. (Caso a mistura de frutas esteja ácida demais, adicione uma pitada a mais de açúcar.) Conserve na geladeira até a hora de servir.

4 Para servir, quando o semifreddo estiver firme o suficiente para ser desenformado, mas não sólido demais, solte as laterais da borda com uma espátula (ou mergulhe a fôrma brevemente na água quente para soltar as laterais antes, se for mais fácil); em seguida, vire a fôrma sobre uma travessa e retire o papel-manteiga. Espalhe as frutas inteiras sobre o semifreddo e regue um pouco de coulis por cima. Sirva em fatias com o restante do coulis.

Reduza a gordura usando menos ovos e confira textura preparando um creme mais magro.

Pudim de pão e manteiga

Ao longo dos anos, este tradicional pudim inglês foi se tornando mais doce e gorduroso. Por isso, eu o reinventei e, graças a uma escolha cuidadosa de ingredientes e uma boa quantidade de frutas, deixei-o mais leve.

	Clássica	*Light*
Valor energético	569 kcal	312 kcal
Gorduras totais	33,8 g	11,5 g
Gorduras saturadas	18,1 g	6,1 g
Açúcar	33,3 g	19,8 g

Por porção: 312 kcal

Proteínas: 9,6 g; carboidratos: 40,9 g; gorduras totais: 11,5 g; gorduras saturadas: 6,1 g; fibras: 1,7 g; açúcar: 19,8 g; sal: 0,83 g

Rendimento: 4 porções

Preparo: 25 minutos, mais o tempo para hidratar e o de infusão
Cozimento: 30 a 35 minutos

---

50 g de damascos secos e macios picados

25 g de uvas-passas

2 colheres (sopa) de rum

1 ovo grande

1 colher (chá) de açúcar amarelo (veja página 122)

2 colheres (chá) de *custard powder* (veja página 130)

350 ml de leite semidesnatado

½ fava de baunilha cortada ao meio na vertical

casca de 1 limão-siciliano pequeno, cortada em tiras com um descascador de legumes

4 colheres (sopa) de crème fraîche com 50% de gordura (veja página 29)

25 g de manteiga à temperatura ambiente

4 fatias médias de pão de fôrma branco de qualidade, sem casca

1 colher (sopa) de geleia de damasco

¼ de colher (chá) de açúcar de confeiteiro peneirado para polvilhar

---

1 Coloque os damascos e as uvas-passas em um prato pequeno, molhe com o rum e deixe hidratar, mexendo de vez em quando.

2 Enquanto isso, em uma vasilha, bata o ovo com o açúcar e acrescente o *custard powder*. Bata até a mistura ficar lisa. Aqueça o leite em uma caçarola pequena antiaderente e, quando estiver quase fervendo, retire do fogo e acrescente, devagar, à mistura de ovo. Raspe dentro da vasilha as sementes de baunilha, adicionando a fava e a casca de limão; deixe esfriar em infusão por 30 minutos. Quando o creme estiver frio, incorpore o crème fraîche e peneire tudo em uma jarra.

3 Usando ¼ de colher (chá) de manteiga, unte ligeiramente um refratário raso (20 x 25 x 5 cm).

4 Passe o restante da manteiga em um dos lados das fatias de pão e espalhe a geleia por cima. Corte cada fatia em quatro triângulos e arrume metade deles no refratário com o lado da geleia para cima. Espalhe por cima metade dos damascos e das uvas-passas e cubra com o que restou do pão, com o lado da geleia para cima. Adicione o restante das frutas secas e o rum da marinada sobre o pão e cubra com metade do creme. Deixe marinar por 15 minutos. Preaqueça o forno a 180 °C.

5 Coloque o refratário em uma assadeira. Espalhe o resto do creme sobre o pão, pressionando suavemente. Encha a assadeira até a metade com água quente. Asse por 20 minutos, aumente a temperatura para 190 °C e asse por mais 5 a 10 minutos, até o pão estar crocante na superfície e dourar. Retire do forno e deixe o pudim descansar por 2 a 3 minutos. Polvilhe com o açúcar de confeiteiro. Sirva morno.

Use leite semidesnatado em vez de leite integral e crème fraîche magro em vez de creme de leite. Conserve o sabor adicionando limão-siciliano, baunilha e rum.

Milk-shake de morango

Em um dia de calor, é difícil recusar um milk-shake geladinho e espumoso, especialmente quando está misturado a deliciosas bolas de sorvete de baunilha. Contudo, a essa tentação extra, some muita gordura e açúcar. Se você tiver um pote do *Sorvete de baunilha* guardado no freezer (veja página 144), fica fácil preparar esta versão igualmente deliciosa e que se apresenta como uma alternativa de sobremesa com baixo teor de gordura.

	Clássica	*Light*
Valor energético	408 kcal	196 kcal
Gorduras totais	19,2 g	7,7 g
Gorduras saturadas	12 g	4,6 g
Açúcar	47 g	22,8 g

Por copo: 196 kcal
Proteínas: 7,7 g; carboidratos: 23,6 g; gorduras totais: 7,7 g; gorduras saturadas: 4,6 g; fibras: 1,8 g; açúcar: 22,8 g; sal: 0,2 g

Rendimento: 2 copos grandes

Preparo: 10 minutos (sem contar o tempo de preparo do sorvete)

---

250 g de morangos maduros e frescos, sem cabinho, cortados ao meio ou em quatro partes, se forem grandes

200 ml de leite semidesnatado

2 colheres (sopa) de iogurte natural

2 bolas de sorvete de baunilha (veja página 144)

1 Coloque os morangos no liquidificador ou no processador de alimentos (ou use um mixer) com o leite, o iogurte e o sorvete. Processe tudo até a mistura ficar cremosa e espumante.

2 Distribua em dois copos grandes e decore com algumas colheradas da espuma.

Elimine o açúcar usando morangos da estação maduros, quando estão naturalmente docinhos.

SOBREMESAS INCRIVELMENTE DELICIOSAS 153

Pavlova de framboesa e maracujá

Ajustei o tamanho do merengue e o preenchi com uma generosa quantidade de creme mais magro; agora, esta receita tem menos açúcar e bem menos gorduras e calorias – e ainda assim manteve a aparência e o gosto de um pequeno prazer.

	Clássica	Light
Valor energético	326 kcal	180 kcal
Gorduras totais	20,3 g	7,3 g
Gorduras saturadas	12,6 g	4,6 g
Açúcar	33 g	23,3 g

Por porção: 180 kcal
Proteínas: 4,8 g; carboidratos: 23,5 g; gorduras totais: 7,3 g; gorduras saturadas: 4,6 g; fibras: 1,5 g; açúcar: 23,3 g; sal: 0,1 g

Rendimento: 8 porções
Preparo: 25 minutos, mais o tempo para secar
Cozimento: 1 hora

Para o merengue
1 colher (chá) de amido de milho
1 colher (chá) de vinagre de vinho branco
½ colher (chá) de essência de baunilha
3 claras de ovos grandes
100 g de açúcar amarelo (veja página 122)
50 g de açúcar de confeiteiro

Para o recheio
100 ml de creme de leite fresco
200 g de iogurte grego com 2% de gordura
85 g de crème fraîche com 50% de gordura (veja página 29)
2 colheres (chá) de açúcar amarelo
1 maracujá
350 g de framboesas frescas

1 Preaqueça o forno a 150 °C. Forre uma assadeira rasa grande com papel-manteiga e desenhe com um lápis um círculo de 20 cm de diâmetro no centro do papel. Para preparar o merengue, misture o amido de milho, o vinagre e a baunilha; reserve.

2 Em uma vasilha grande, bata as claras em neve até a mistura ficar firme e formar picos duros quando erguer o batedor. Comece a acrescentar o açúcar amarelo às colheradas, uma por vez, batendo por alguns segundos antes de acrescentar a próxima. Quando todo o açúcar for adicionado, a mistura deve estar grossa e brilhante. Em seguida, peneire o açúcar de confeiteiro e incorpore delicadamente metade dele com uma colher grande de metal. Repita com o açúcar que sobrou, cuidando para não mexer demais, e acrescente a mistura de amido.

3 Com uma colher, espalhe cuidadosamente a mistura no círculo do papel-manteiga, levantando um pouco a borda para que fique mais alta. Asse por 1 hora, quando o merengue deve estar crocante a um leve toque. Desligue o forno, mas deixe o merengue dentro por mais 1 hora, para terminar de secar enquanto esfria. Não se preocupe se rachar um pouco – essa é uma de suas características.

4 Na hora de servir, retire a fôrma de merengue da assadeira e transfira para uma travessa. Bata o creme de leite até formar picos moles, o suficiente para não desmoronar. Acrescente o iogurte, o crème fraîche e o açúcar. Corte o maracujá ao meio e, com uma colher, retire a polpa e as sementes de uma das metades e acrescente à mistura cremosa, formando pequenas ondas. Coloque essa mistura na fôrma de merengue. Espalhe as framboesas por cima, regando com o restante do maracujá ao mesmo tempo. Sirva imediatamente, pois, se deixar o merengue recheado por tempo demais, ele começará a amolecer.

Substitua quase todo o creme por iogurte grego 2% e por crème fraîche light, reduzindo significativamente a gordura.

Crème brûlée

Sobremesa célebre, este crème brûlée engana na gordura usando creme de leite *light*, em vez de creme de leite integral, e menos ovos. O segredo está no preparo do creme, que precisa ficar bem grosso desde o início, diferentemente da receita clássica de crème brûlée, em que o creme vai ao forno.

	Clássica	Light
Valor energético	700 kcal	257 kcal
Gorduras totais	65,1 g	14,9 g
Gorduras saturadas	38,1 g	8,7 g
Açúcar	22 g	18,9 g

Por porção: 257 kcal
Proteínas: 5,2 g; carboidratos: 25,3 g; gorduras totais: 14,9 g; gorduras saturadas: 8,7 g; açúcar: 18,9 g; sal: 0,2 g

Rendimento: 4 porções

Preparo: 15 minutos, mais o tempo para esfriar e gelar
Cozimento: 25 minutos

4 colheres (sopa) de açúcar amarelo (veja página 122)

1 colher (sopa) de *custard powder* (veja página 130)

1 colher (sopa) de amido de milho

200 ml de leite semidesnatado

2 gemas de ovos grandes

125 ml de creme de leite fresco magro*

1 fava de baunilha

140 g de *crème fraîche* com 50% de gordura (veja página 29)

1. Misture 2 colheres (sopa) de açúcar, o custard powder e o amido de milho em uma vasilha com 2 colheres (sopa) do leite; forme uma pasta lisa. Com um garfo, incorpore bem as gemas à pasta.

2. Coloque o restante do leite em uma caçarola, preferencialmente antiaderente, e acrescente o creme de leite. Abra a fava de baunilha ao meio na vertical e raspe as sementes na panela, acrescentando a fava. Assim que levantar fervura e começar a formar bolhas na superfície, retire do fogo.

3. Devagar, despeje e mexa o leite quente na mistura de amido, tomando cuidado para incorporar bem as gemas. Transfira para uma panela limpa. Cozinhe em fogo baixo, mexendo sem parar com uma colher de pau por 12 a 15 minutos, até a mistura engrossar bem. Ao arrastar a colher no fundo da panela, deve formar um risco bem definido. A mistura deve engrossar após 10 minutos, mas continue mexendo até adquirir o aspecto de creme de leite mole ou maionese. Ajuste o fogo para evitar que a mistura ferva ou esquente demais, talhando e formando grumos. Se isso acontecer, bata com um *fouet* até alisar.

4. Retire do fogo e deixe esfriar por 15 a 20 minutos, mexendo algumas vezes para que não forme uma película. Retire a fava da baunilha. Acrescente o *crème fraîche* e mexa. Distribua a mistura em quatro ramequins pequenos (150 ml). Nivele a superfície, leve para gelar, sem cobrir, por 4 horas ou durante a noite. Por não cobrir, uma fina película pode se formar na superfície; ela ajudará a suportar a camada de caramelo que virá por cima.

5. Na hora de servir, espalhe o restante do açúcar na superfície de cada crème brûlée (½ colher [chá] por ramequim) e alise com as costas de uma colher. Para caramelizar, use um maçarico. Mantenha a chama logo acima do açúcar e faça movimentos circulares até caramelizar por inteiro, mas sem demorar, senão o creme esquentará demais. Sirva imediatamente enquanto o caramelo ainda está firme e crocante, pois ele tende a amolecer.

* Mínimo de 18% de gordura; não serve para ser batido como chantili. (N. T.)

Prepare um creme grosso que não precise de tantas gemas para firmar, como seria o caso se fosse ao forno.

Pudim com calda de caramelo toffee

Este pudim é puro excesso e imoderação – mas descobri que não é necessário utilizar toda aquela quantidade de manteiga, creme de leite, *golden syrup* e *black treacle* para deixá-lo delicioso.

	Clássica	Light
Valor energético	699 kcal	450 kcal
Gorduras totais	36 g	17,5 g
Gorduras saturadas	20,7 g	4,6 g
Açúcar	74,4 g	49,8 g

Por porção: 450 kcal
Proteínas: 6 g; carboidratos: 70,6 g; gorduras totais: 17,5 g; gorduras saturadas: 4,6 g; fibras: 2 g; açúcar: 49,8 g; sal 0,79 g

Rendimento: 7 porções
Preparo: 35 minutos, mais o tempo para esfriar
Cozimento: 20 a 25 minutos

Para o pudim
200 g de tâmaras medjool sem caroço
1 colher (chá) de essência de baunilha
1 colher (chá) de *black treacle* (veja página 133)
2 ovos médios
1 colher (chá) de bicarbonato de sódio
175 g de farinha de trigo com fermento, mais 1 colher (chá) para polvilhar
75 ml de óleo de canola, mais 1 colher (chá) para untar
100 g de açúcar demerara
100 g de iogurte natural

Para a calda de caramelo toffee
100 g de açúcar mascavo claro
25 g de manteiga cortada em pedaços
1½ colher (chá) de *black treacle* (veja página 133)
1½ colher (chá) de essência de baunilha
100 g de crème fraîche com 50% de gordura (veja página 29)

1 Pique as tâmaras, coloque-as em uma vasilha pequena e despeje por cima 175 ml de água fervente. Deixe esfriar por cerca de 30 minutos. Unte sete forminhas de pudim de 200 ml com ½ colher (chá) de óleo e farinha. Coloque em uma assadeira rasa.

2 Acrescente a baunilha e o *black treacle* às tâmaras e amasse com um garfo até formar um purê grosso.

3 Preaqueça o forno a 180 °C. Para preparar os pudins, bata os ovos em uma vasilha pequena. Misture o bicarbonato de sódio com 175 g de farinha. Em uma vasilha maior, misture o açúcar com o óleo usando uma colher de pau. Acrescente os ovos aos poucos, batendo todas as vezes. Com cuidado, incorpore um terço da mistura de farinha com uma colher grande de metal e, em seguida, incorpore metade do iogurte. Não mexa demais. Repita o procedimento, finalizando com a farinha que restou. Acrescente as tâmaras amassadas aos poucos, formando uma massa grossa. Divida a massa por igual nas forminhas. Asse por 20 a 25 minutos.

4 Enquanto isso, prepare a calda. Coloque o açúcar e a manteiga em uma panela pequena de fundo triplo. Cozinhe em fogo médio, mexendo de vez em quando, até o açúcar começar a dissolver, sem deixar levantar fervura. A mistura ficará bem grossa e o açúcar não estará completamente dissolvido neste ponto. Tire a panela do fogo e acrescente o *black treacle* e a baunilha. Deixe esfriar por 1 a 2 minutos e adicione o *crème fraîche*, uma colherada por vez. Se necessário, use um fouet para deixar a mistura lisa.

5 Para servir, solte as laterais dos pudins com uma faca sem ponta e vire-os sobre pratos de sobremesa. Com uma colher, decore os pudins e o entorno do prato com a calda.

Reduza a quantidade de açúcar e concentre o sabor usando açúcar não refinado, black treacle e essência de baunilha.

CONFEITARIA SEM CULPA

Bolo de cenoura

Embora este clássico norte-americano seja preparado com muita cenoura ralada e seja batido com óleo em vez de manteiga, ele não preenche os requisitos para receber o rótulo de saudável, a menos que os ingredientes e as técnicas de cocção sejam ajustados.

	Clássica	*Light*
Valor energético	327 kcal	217 kcal
Gorduras totais	20,5 g	9 g
Gorduras saturadas	5,5 g	1 g
Açúcar	21,5 g	21 g

Por porção: 217 kcal
Proteínas: 4 g; carboidratos: 31 g; gorduras totais: 9 g; gorduras saturadas: 1 g; fibras: 2 g; açúcar: 21 g; sal: 0,52 g
Rendimento: 16 quadrados
Preparo: 30 minutos, mais o tempo para hidratar
Cozimento: 1 hora

Para o bolo
1 laranja média
140 g de uvas-passas
115 g de farinha de trigo com fermento
115 g de farinha de trigo integral
1 colher (chá) de fermento em pó, mais uma pitada
1 colher (chá) de bicarbonato de sódio
1 colher (chá) de canela moída
2 ovos grandes
140 g de açúcar mascavo escuro
125 ml de óleo de canola, mais extra para untar
280 g de cenoura bem ralada

Para a cobertura
100 g de queijo cremoso light bem gelado
100 g de queijo quark
3 colheres (sopa) de açúcar de confeiteiro peneirado
½ colher (chá) de raspas de laranja
1½ colher (chá) de suco de limão-siciliano

1 Preaqueça o forno a 160 °C. Unte uma fôrma de bolo quadrada de 20 cm de profundidade com um pouquinho de óleo e forre com papel-manteiga.

2 Para preparar o bolo, rale bem a casca da laranja e esprema 3 colheres (sopa) de suco. Em uma vasilha, despeje o suco sobre as uvas-passas, acrescente as raspas e deixe hidratar. Misture as farinhas com 1 colher (chá) do fermento em pó, o bicarbonato de sódio e a canela.

3 Quebre um dos ovos. Coloque a clara em uma vasilha pequena e a gema em uma grande. Quebre o outro ovo junto com a gema e acrescente o açúcar. Bata até a mistura ficar grossa e espumosa. Adicione o óleo devagar; continue a bater em velocidade baixa até misturar bem. Acrescente a mistura de farinha, metade de cada vez, e incorpore com cuidado à mistura de ovos. A massa ficará bem grossa. Adicione a pitada extra de fermento em pó na clara e bata até formar picos moles.

4 Acrescente a cenoura e as uvas-passas (com todo o líquido) à mistura de farinha. Com cuidado, incorpore a clara em neve e coloque a massa na fôrma. Chacoalhe devagarinho a fôrma para nivelar a massa. Asse por 1 hora até crescer e firmar ou até um palito sair limpo quando inserido no meio da massa. Deixe esfriar na fôrma por 5 minutos, então desenforme sobre uma grade de metal, tire o papel-manteiga e deixe esfriar completamente.

5 Para preparar a cobertura, bata o queijo cremoso com o queijo quark, o açúcar de confeiteiro e as raspas de laranja – mas não bata demais; por último, acrescente o suco de limão. Espalhe a cobertura sobre o bolo e corte em dezesseis quadrados. Este bolo ficará ainda mais gostoso se descansar por 1 ou 2 dias, bem embrulhado, antes de receber a cobertura.

Use óleo de canola, queijo cremoso light e queijo quark para reduzir a gordura. Diminua o açúcar da cobertura e acrescente sabor com laranja e limão.

Brownie de chocolate

O brownie pode aparecer de várias formas – fofinho e úmido, com um toque de nozes, com um aspecto de bolo ou caramelizado. Mas é sempre muitíssimo gostoso com sua cobertura fina e crocante e o miolo escuro e molhadinho – possíveis graças a generosas combinações de manteiga, chocolate e ovos. Por isso, meu desafio foi criar uma versão mais *light* que fosse tão irresistível quanto a versão clássica.

	Clássica	*Light*
Valor energético	314 kcal	191 kcal
Gorduras totais	19 g	11 g
Gorduras saturadas	10 g	3 g
Açúcar	25,6 g	16 g

Por porção: 191 kcal
Proteínas: 2 g; carboidratos: 23 g; gorduras totais: 11 g; gorduras saturadas: 3 g; fibras: 1 g; açúcar: 16 g; sal: 0,28 g

Rendimento: 12 quadrados
Preparo: 25 minutos
Cozimento: 35 minutos

85 g de chocolate amargo com 70% de cacau, picado em pedacinhos

óleo de canola para untar

85 g de farinha de trigo comum

25 g de cacau em pó

¼ de colher (chá) de bicarbonato de sódio

100 g de açúcar amarelo (veja página 122)

50 g de açúcar mascavo claro

½ colher (chá) de café solúvel granulado

1 colher (chá) de essência de baunilha

2 colher (sopa) de buttermilk (veja página 60)

1 ovo grande

100 g de maionese

1 Preaqueça o forno a 180 °C. Encha com água cerca de um terço de uma panela pequena de fundo triplo; leve ao fogo. Assim que ferver, retire-a do fogo. Coloque o chocolate picado em um refratário redondo que se encaixe perfeitamente na boca da panela, sem tocar a água. Encaixe-o na panela (ainda fora do fogo) e deixe o chocolate derreter devagar por alguns minutos, mexendo de vez em quando até ter derretido por igual. Retire o refratário da panela e deixe o chocolate esfriar um pouco.

2 Enquanto isso, unte ligeiramente com o óleo uma fôrma quadrada de 19 cm com 5 cm de profundidade e forre a base com papel-manteiga. Peneire a farinha com o cacau e o bicarbonato de sódio. Com uma colher de pau, adicione os açúcares, o café, a baunilha e o buttermilk ao chocolate frio e acrescente 1 colher (sopa) de água morna. Quebre e bata o ovo na mistura de chocolate, acrescente a maionese e mexa até obter uma massa lisa e brilhante. Peneire por cima a mistura de farinha e cacau e, com uma espátula, incorpore tudo sem mexer demais.

3 Coloque a massa na fôrma e, delicadamente, espalhe por igual em todos os cantos. Asse por 30 minutos. Quando um palito for inserido no meio, ele deve sair com um pouquinho de massa úmida grudada nele. Quando esta massa assa demais, resseca; se assa de menos, pode murchar. Deixe na fôrma até esfriar completamente e, em seguida, solte as laterais com uma faca sem ponta. Vire sobre uma tábua, retire o papel-manteiga e corte em doze quadrados.

Reduza a gordura substituindo toda a manteiga e parte do ovo por maionese. Cozinhe com chocolate de boa qualidade, a fim de usá-lo em menor quantidade, e intensifique o sabor do chocolate com cacau em pó e café solúvel.

Bolo de café com nozes

As nozes contêm gorduras boas, mas elas são engordativas em termos calóricos. Por isso, esta versão do bolo usa alternativas para intensificar o sabor. Adicionei o xarope de café misturado a gotas de baunilha para uma experiência mais intensa e troquei o método tradicional de preparação do bolo por um que me permite deixá-lo mais leve, perfeito para a hora do chá.

	Clássica	Light
Valor energético	462 kcal	336 kcal
Gorduras totais	27 g	15 g
Gorduras saturadas	13 g	4 g
Açúcar	42 g	30 g

Por fatia: 336 kcal
Proteínas: 8 g; carboidratos: 45 g; gorduras totais: 15 g; gorduras saturadas: 4 g; fibras: 1 g; açúcar: 30 g; sal: 0,43 g

Rendimento: 12 fatias

Preparo: 30 minutos, mais o tempo para esfriar e firmar
Cozimento: 45 a 50 minutos

Para o bolo
1 colher (sopa) de café solúvel granulado, mais 1 colher (chá)
225 g de farinha de trigo com fermento
1 colher (chá) de fermento em pó
50 g de amêndoas moídas
85 g de açúcar mascavo claro
50 g de açúcar amarelo (veja página 122)
25 g de nozes picadas
2 ovos grandes batidos
250 g de iogurte natural
75 ml de óleo de nozes, mais extra para untar

Para o recheio
2 colheres (sopa) de açúcar amarelo
2 colheres (chá) de café solúvel granulado
140 g de queijo mascarpone light (veja página 40)
100 g de queijo quark
1 colher (sopa) de açúcar de confeiteiro peneirado
¼ de colher (chá) de essência de baunilha

Para a cobertura
140 g de pó para fondant
1 colher (chá) de café solúvel granulado
1 colher (sopa) de nozes bem picadas

1 Preaqueça o forno a 180 °C. Unte ligeiramente com o óleo de nozes uma fôrma redonda de 20 cm de diâmetro e 6 cm de profundidade, de aro removível. Forre a base com papel-manteiga.

2 Para o bolo, misture o café com 2 colheres (chá) de água morna e reserve. Coloque a farinha em uma vasilha grande. Acrescente o fermento, as amêndoas moídas, os açúcares e as nozes, deixando um orifício no meio. Adicione os ovos, o iogurte, o óleo e a mistura de café no orifício e mexa com uma colher de pau até misturar bem.

3 Transfira a massa para a fôrma, alise a superfície para nivelar e asse por 40 a 45 minutos, ou até um palito sair limpo quando inserido no meio. Deixe um pouco o bolo na fôrma para esfriar, então vire sobre uma grade de metal e retire o papel-manteiga. Deixe o bolo esfriar completamente enquanto você prepara o recheio e a cobertura.

4 Prepare o xarope do recheio. Coloque o açúcar amarelo e o café em uma caçarola pequena de fundo triplo e acrescente 3 colheres (sopa) de água. Aqueça em fogo baixo, mexendo para ajudar a dissolver o açúcar. Assim que dissolver, aumente o fogo e deixe ferver por cerca de 2½ a 3 minutos, até engrossar e parecer um xarope. Transfira para uma tigela refratária pequena e reserve até esfriar, quando apresentará uma consistência de melado.

5 Enquanto isso, bata o queijo mascarpone com o queijo quark, o açúcar de confeiteiro e a baunilha até a mistura ficar lisa, então acrescente o xarope de café frio e reserve.

6 Para a cobertura, peneire o pó para fondant em uma vasilha. Misture o café com 1 colher (sopa) de água morna e adicione ao fondant com um pouco mais de água para a cobertura ficar lisa e grossa, mas viscosa.

7 Reparta o bolo em três camadas. Recheie-as e assente-as umas sobre as outras. Espalhe a cobertura por cima, decore com as nozes e deixe assentar. Armazene na geladeira.

Substitua a manteiga do bolo pelo óleo de nozes e pelo iogurte para reduzir gorduras totais e saturadas.

•

Troque o recheio de buttercream por outro à base de mascarpone light e queijo quark para reduzir ainda mais a gordura.

•

Diminua as nozes e ganhe sabor com o óleo de nozes.

•

Use menos açúcar na massa - intensifique o sabor combinando açúcar mascavo claro com açúcar amarelo. Prepare um recheio que leve menos açúcar.

CONFEITARIA SEM CULPA 167

Torta de *black treacle*

Com menos da metade do açúcar usado na versão clássica, esta receita certamente impressionará. Tendo encontrado formas de diminuir o *golden syrup*, esta é a maneira perfeita de finalizar o almoço de domingo com bem menos calorias. Sirva a torta ainda quente, mas, se sobrar, ela também poderá ser consumida fria, estando ainda deliciosa.

	Clássica	Light
Valor energético	469 kcal	247 kcal
Gorduras totais	14,8 g	10,2 g
Gorduras saturadas	8,7 g	3,9 g
Açúcar	47,9 g	20,1 g

Por fatia: 247 kcal
Proteínas: 3,6 g; carboidratos: 34,7 g; gorduras totais: 10,2 g; gorduras saturadas: 3,9 g; fibras: 1,1 g; açúcar: 20,1 g; sal: 0,5 g

Rendimento: 8 fatias
Preparo: 15 minutos, mais o tempo para gelar e descansar
Cozimento: 50 minutos

Para a base
225 g de massa podre pronta
farinha de trigo comum para polvilhar

Para o recheio
1 ovo médio
3 colheres (sopa) de *crème fraîche* com 50% de gordura (veja página 29)
175 g de *golden syrup* (veja página 133)
1 colher (sopa) de *black treacle* (veja página 133)
1 maçã pequena doce da variedade vermelha, sem sementes, sem casca e ralada grosseiramente
50 g de farelo de pão fresco
1 limão-siciliano

1 Preaqueça o forno a 200 °C. Sobre uma superfície levemente enfarinhada, abra a massa bem fino e forre uma fôrma canelada redonda de 23 cm de diâmetro e 2,5 cm de profundidade. Ajeite a massa na fôrma sem esticá-la demais. Passe um rolo por cima da fôrma, retirando todo o excesso de massa. Com um garfo, fure a base delicadamente. Leve para gelar por 10 minutos enquanto aquece o forno.

2 Coloque a fôrma de torta sobre uma assadeira rasa. Forre a base com papel-alumínio e feijões e asse por 12 minutos até a massa firmar. Retire o papel-alumínio e os feijões e asse por mais 5 minutos, até a massa dourar um pouquinho. Retire do forno e diminua a temperatura para 180 °C.

3 Enquanto a massa estiver assando, prepare o recheio. Bata o ovo em uma vasilha, acrescente o *crème fraîche*, o *golden syrup*, o *black treacle*, a maçã ralada e o farelo de pão; misture tudo. Rale bem fino a casca do limão e adicione ao recheio. Misture com 1 colher (sopa) de suco de limão. Deixe descansar por 10 a 15 minutos, para que o pão absorva um pouco dos outros ingredientes.

4 Coloque o recheio na massa e leve para assar por 30 minutos ou até o recheio firmar um pouco. Retire a torta e deixe esfriar até terminar de firmar. Desenforme e sirva.

Diminua o açúcar substituindo parte do golden syrup por maçã ralada e, para dar consistência e textura, use um ovo médio e crème fraîche magro.

Bolo com calda de limão-siciliano

Uma fatia molhadinha e com cheiro de limão-siciliano é um clássico delicioso para a hora do chá. Para esta versão mais saudável, preparei um bolo sem manteiga e acrescentei raspas de limão para valorizar o sabor.

	Clássica	*Light*
Valor energético	335 kcal	243 kcal
Gorduras totais	17,9 g	10,2 g
Gorduras saturadas	10,4 g	1,4 g
Açúcar	27,6 g	21,5 g

Por fatia: 243 kcal
Proteínas: 4,7 g; carboidratos: 35,4 g; gorduras totais: 10,2 g; gorduras saturadas: 1,4 g; fibras: 0,9 g; açúcar: 21,5 g; sal: 0,34 g

Rendimento: 12 fatias
Preparo: 25 minutos
Cozimento: 40 minutos

Para o bolo
175 g de farinha de trigo com fermento
1½ colher (chá) de fermento em pó
50 g de amêndoas moídas
50 g de fubá
raspas bem finas de 2 limões-sicilianos
140 g de açúcar amarelo (veja página 122)
2 ovos grandes
225 g de iogurte natural
75 ml de óleo de canola, mais extra para untar

Para a calda
85 g de açúcar amarelo
suco de 2 limões-sicilianos (cerca de 5 colheres [sopa])

1. Preaqueça o forno a 180 °C. Unte ligeiramente uma fôrma redonda de 20 cm de diâmetro e 5 cm de profundidade com óleo de canola e forre a base com papel-manteiga.

2. Para o bolo, misture em uma vasilha grande a farinha, o fermento em pó, as amêndoas moídas e o fubá. Acrescente as raspas de limão e o açúcar; mexa, fazendo um orifício no meio. Bata os ovos em uma vasilha e acrescente o iogurte. Despeje no orifício essa mistura juntamente com o óleo. Usando uma colher grande de metal, mexa com cuidado, até combinar todos os ingredientes, sem mexer demais.

3. Coloque a massa na fôrma e nivele a superfície. Asse por 40 minutos ou até um palito sair limpo quando inserido no meio da massa. Se começar a dourar rápido demais, cubra com papel-alumínio durante os últimos 5 a 10 minutos.

4. Enquanto o bolo está assando, prepare a calda. Coloque o açúcar em uma caçarola pequena com o suco de limão e 75 ml de água. Cozinhe em fogo médio, mexendo de vez em quando, até dissolver o açúcar. Aumente o fogo, ferva por 4 minutos até reduzir um pouco e ficar com consistência de calda espessa, então retire do fogo.

5. Retire o bolo do forno e deixe esfriar um pouco ainda na fôrma. Desenforme ainda quente, retire o papel-manteiga e transfira o bolo para uma grade de metal sobre uma assadeira rasa ou um prato. Com um palito, faça furos na superfície. Espalhe devagar a calda de limão por cima e deixe absorver. Espalhe o restante da mesma maneira, pincelando as bordas e laterais do bolo também com o que restar da calda.

Misture as amêndoas moídas para deixar a massa mais leve e úmida; atribua consistência com o fubá, intensificando textura e cor.

Bolo de gengibre

A maioria das pessoas prefere este bolo na versão úmida, melada e escura. No entanto, para conferir essas características, é necessário usar muita manteiga, açúcar e leite. Nesta versão, consegui manter esses aspectos com menos gordura e açúcar. Para deixar o bolo ainda mais melado, conserve-o bem embalado um dia antes de servir.

	Clássica	Light
Valor energético	162 kcal	130 kcal
Gorduras totais	6,9 g	4 g
Gorduras saturadas	4 g	1,1 g
Açúcar	13 g	11 g

Por porção: 130 kcal
Proteínas: 2,3 g; carboidratos: 21,1 g; gorduras totais: 4 g; gorduras saturadas: 1,1 g; fibras: 0,6 g; açúcar: 11 g; sal: 0,3 g

Rendimento: 16 quadrados
Preparo: 25 minutos, mais o tempo para esfriar
Cozimento: cerca de 55 minutos

- 140 g de tâmaras secas sem caroço, cortadas em pedaços pequenos
- 25 g de manteiga
- 85 g de *black treacle* (veja página 133)
- 25 g de *golden syrup* (veja página 133)
- 3 colheres (sopa) de óleo de canola, mais extra para untar a fôrma
- 1 ovo grande
- 150 ml de buttermilk (veja página 60)
- 225 g de farinha de trigo comum
- 1 colher (chá) de bicarbonato de sódio
- 3½ colheres (chá) de gengibre em pó
- ½ colher (chá) de canela em pó
- 50 g de açúcar mascavo escuro

1 Coloque as tâmaras em uma vasilha pequena e cubra com 125 ml de água fervente. Deixe esfriar por 30 minutos. Unte ligeiramente com um pouco de óleo de canola uma fôrma quadrada de bolo de 20 cm com 5 cm de profundidade e forre a base com papel-manteiga.

2 Em uma panela pequena, coloque a manteiga com o *black treacle* e o *golden syrup*. Cozinhe em fogo baixo até derreter a manteiga, então tire do fogo. Acrescente o óleo e reserve. Preaqueça o forno a 160 °C.

3 Em um liquidificador pequeno ou em um miniprocessador de alimentos, bata as tâmaras com todo o líquido até obter um purê espesso. Bata o ovo em uma vasilha pequena e acrescente o buttermilk. Misture a farinha com o bicarbonato de sódio, o gengibre, a canela e o açúcar. Adicione as misturas de ovo, de tâmaras e de *black treacle* com *golden syrup* à mistura de farinha e mexa brevemente com uma colher de pau até homogeneizar. A mistura ficará na consistência de uma massa grossa. Despeje a massa na fôrma untada, nivele-a e asse por 50 a 55 minutos. Para testar se o bolo está assado, espete um palito no meio. Se sair limpo e o bolo estiver firme, mas fofo ao toque, então estará pronto.

4 Deixe na fôrma por alguns minutos. Desenforme sobre uma grade de metal, tire o papel-manteiga e deixe esfriar completamente. Embrulhe bem e, se quiser, deixe por um dia antes de servir para que fique mais melado. Este bolo tem validade de até uma semana.

As tâmaras conferem parte da viscosidade em vez de depender apenas do açúcar e do golden syrup. Substitua o leite e grande parte da manteiga por buttermilk, e use óleo de canola para reduzir gorduras totais e saturadas.

CONFEITARIA SEM CULPA 171

Pão de banana

Apesar de ser uma mistura tão simples, este pão frutado é riquíssimo em sabor, que vem acompanhado de bastante açúcar e gorduras totais e saturadas. Ao reduzir tudo isso, encontrei maneiras de ainda conservar a doçura e o toque amanteigado.

	Clássica	Light
Valor energético	290 kcal	194 kcal
Gorduras totais	16,6 g	8,5 g
Gorduras saturadas	6,8 g	2 g
Açúcar	17 g	11,4 g

Por fatia: 194 kcal

Proteínas: 4,3 g; carboidratos: 24,7 g; gorduras totais: 8,5 g; gorduras saturadas: 2 g; fibras: 1,4 g; açúcar: 11,4 g; sal: 0,3 g

Rendimento: 12 fatias

Preparo: 25 minutos
Cozimento: 50 a 55 minutos

2 bananas médias bem maduras, de preferência com casca escura

raspas bem finas de ½ limão-siciliano

½ colher (chá) de essência de baunilha

175 g de farinha de trigo comum

50 g de farinha de trigo integral

1½ colher (chá) de fermento em pó

½ colher (chá) bicarbonato de sódio

25 g de amêndoas moídas

25 g de manteiga à temperatura ambiente, cortada em pedaços

85 g de açúcar mascavo claro

25 g de nozes ou nozes-pecãs, picadas ou quebradas em pedacinhos

2 ovos médios

100 g de iogurte natural

3 colher (sopa) de óleo de canola, mais extra para untar

1 Preaqueça o forno a 180 °C. Unte ligeiramente com um pouco de óleo de canola uma fôrma de bolo inglês de 1 kg (22 x 13 cm) e forre a base com papel-manteiga. Descasque as bananas, corte-as em pedaços em uma vasilha e amasse o máximo possível com um garfo – mas não se preocupe se sobrarem alguns grumos. No final, você deve obter 200 g de banana. Adicione as raspas de limão e a baunilha; mexa.

2 Misture as duas farinhas com o fermento, o bicarbonato de sódio e as amêndoas moídas em uma vasilha grande. Com as pontas dos dedos, desmanche a manteiga na farinha e acrescente o açúcar, desmanchando novamente com as pontas dos dedos para não sobrar nenhum grumo. Acrescente as nozes e faça um orifício no centro da massa. Bata os ovos em uma vasilha e acrescente o óleo e o iogurte. Coloque essa mistura com as bananas amassadas no orifício e, com uma colher grande de metal, misture brevemente com cuidado, até combinar todos os ingredientes, sem mexer demais.

3 Coloque a massa na fôrma e nivele a superfície. Asse por 50 a 55 minutos ou até um palito sair limpo quando inserido no meio. Caso comece a dourar rápido demais, cubra ligeiramente com papel-alumínio durante os últimos minutos de cocção. Deixe o bolo de banana na fôrma por 5 minutos e, em seguida, solte as laterais com uma faca sem ponta, vire-o sobre uma grade de metal para terminar de esfriar e tire o papel-manteiga. Se bem embrulhado, conserva-se úmido por vários dias.

Reduza o açúcar usando açúcar mascavo, por seu sabor intenso e delicioso, e bananas bem maduras – quanto mais escuras melhor, pois ficam mais doces conforme escurecem.

Cookies de pasta de amendoim

O nome destas bolachas nos remete ao docinho preferido da infância; o que não pensamos é que elas são uma armadilha devido à quantidade de gordura e açúcar que possuem. Ao incorporar os ingredientes clássicos, mas fazendo alguns ajustes consideráveis, esta versão se manteve fiel ao sabor e à textura, contudo se apresenta como uma alternativa mais *light*.

	Clássica	*Light*
Valor energético	149 kcal	106 kcal
Gorduras totais	8,8 g	6,4 g
Gorduras saturadas	3,7 g	2 g
Açúcar	7,5 g	4,1 g

Por bolacha: 106 kcal
Proteínas: 2,5 g; carboidratos: 9,5 g; gorduras totais: 6,4 g; gorduras saturadas: 2 g; fibras: 0,8 g; açúcar: 4,1 g; sal: 0,2 g

Rendimento: 20 bolachas
Preparo: 25 minutos, mais o tempo para gelar
Cozimento: 10 a 12 minutos

50 g de manteiga amolecida à temperatura ambiente
50 g de açúcar mascavo claro
25 g de açúcar amarelo (veja página 122)
100 g de pasta de amendoim com pedaços de amendoim e sem açúcar
1 colher (sopa) de óleo de canola, mais 2 colheres (chá)
1 ovo médio batido
½ colher (chá) de essência de baunilha
140 g de farinha de trigo comum
½ colher (chá) de fermento em pó
¼ de colher (chá) de bicarbonato de sódio
25 g de amendoim torrado sem sal, picado grosseiramente

1 Forre uma assadeira rasa grande com papel-manteiga (ou duas assadeiras, se tiver). Preaqueça o forno a 180 °C. Em uma vasilha grande, bata com uma colher de pau a manteiga, os açúcares e a pasta de amendoim até obter uma mistura clara e homogênea. Acrescente todo o óleo, o ovo e a essência de baunilha; mexa. Misture a farinha com o fermento em pó e o bicarbonato de sódio, então junte-os à mistura, metade de cada vez, com os amendoins, formando uma massa macia. Faça um rolo com a massa, enrole-a no papel-manteiga e leve para gelar por 30 minutos.

2 Corte a massa em 20 pedaços de mesmo tamanho, então modele cada um com as mãos, formando bolinhas. Sobre a superfície de trabalho, pressione cada bolinha com os dedos até formar um círculo de 6 cm, assentando a superfície e as laterais. Arrume os círculos sobre a(s) assadeira(s) untada(s) (se preciso, asse aos poucos), deixando um espaço de 2,5 cm entre cada um. Desenhe algumas linhas sobre as bolachas, pressionando-as de leve com as costas de um garfo.

3 Asse por 10 a 12 minutos ou até dourar um pouco. Transfira para uma grade de metal até esfriar.

Diminua a quantidade de açúcar e aumente o sabor com a baunilha - e opte pela pasta de amendoim sem açúcar.

CONFEITARIA SEM CULPA 173

Cupcakes de chocolate

Talvez eles sejam os bolinhos mais lindos da confeitaria, mas, por conta da generosa cobertura sobre a massa de pão de ló amanteigada, os cupcakes podem conter altíssimos teores de gorduras totais, gorduras saturadas e açúcares. Tudo isso, além das calorias, foi reduzido de forma impressionante – e mesmo assim estes cupcakes mais leves não perderam nada de seu sabor e glamour irresistíveis.

	Clássica	*Light*
Valor energético	459 kcal	234 kcal
Gorduras totais	26,1 g	10,4 g
Gorduras saturadas	16 g	4,4 g
Açúcar	43,9 g	18,5 g

Por porção: 234 kcal
Proteínas: 6,7 g; carboidratos: 27,8 g; gorduras totais: 10,4 g; gorduras saturadas: 4,4 g; fibras: 1,3 g; açúcar: 18,5 g; sal: 0,6 g

Rendimento: 12 cupcakes
Preparo: 35 minutos, mais o tempo para esfriar
Cozimento: 20 minutos

Para o bolo
175 g de farinha de trigo com fermento
2 colheres (sopa) de cacau em pó peneirado
1½ colher (chá) de fermento em pó
140 g de açúcar amarelo (veja página 122)
25 g de amêndoas moídas
2 ovos grandes
175 g de iogurte natural
2 a 3 gotas de essência de baunilha
25 g de manteiga derretida
2 colheres (sopa) de óleo de canola

Para a cobertura
25 g de chocolate amargo, de preferência com 70% de cacau, bem picado, mais 1 colher (sopa) cheia de chocolate ralado para decorar
25 g de manteiga amolecida à temperatura ambiente
50 g de açúcar de confeiteiro
1 colher (sopa) de cacau em pó
1 colher (chá) de leite semidesnatado
100 g de queijo cremoso light, direto da geladeira
100 g de queijo quark

Reduza a gordura e o açúcar e, ao mesmo tempo, garanta a textura cremosa da cobertura usando queijo light e queijo quark, em vez de usar muita manteiga e açúcar de confeiteiro.

1 Preaqueça o forno a 180 °C. Para os bolinhos, coloque em uma assadeira doze forminhas de papel para muffins. Coloque a farinha em uma vasilha grande, retire duas colheres (sopa) da farinha e substitua pelo cacau em pó. Acrescente o fermento, o açúcar e as amêndoas moídas. Mexa e faça um orifício no centro. Com um garfo, bata os ovos em outra vasilha e misture o iogurte e a baunilha. Acrescente essa mistura, junto com a manteiga derretida e o óleo, à mistura dos ingredientes secos e, com uma colher grande de metal, mexa um pouco até misturar bem todos eles.

2 Divida a massa por igual nas forminhas de papel. Asse por 20 minutos até a massa crescer bem. Retire do forno e deixe esfriar completamente sobre uma grade de metal.

3 Para preparar a cobertura, coloque o chocolate em um refratário redondo e encaixe-o sobre uma panela com água fervente em fogo baixo (sem que o refratário encoste na água). Retire do fogo e espere derreter e esfriar.

4 Em uma vasilha média, bata com uma colher de pau a manteiga, o açúcar de confeiteiro, o cacau e o leite. Em seguida, acrescente o queijo cremoso e o queijo quark, batendo. Quando o chocolate esfriar, incorpore-o à mistura de queijo cremoso. Com uma colher, espalhe a cobertura fazendo círculos grandes sobre cada cupcake e finalize com o chocolate ralado por cima. Esses cupcakes duram de 2 a 3 dias na geladeira.

Muffins de mirtilo

Estes muffins são *lights*, fofinhos, enriquecidos com frutas e mais do que saborosos. Acrescentar banana e limão-siciliano valorizará o sabor e eliminará a necessidade de sal.

	Clássica	*Light*
Valor energético	234 kcal	206 kcal
Gorduras totais	9 g	6 g
Gorduras saturadas	5 g	1 g
Açúcar	16,4 g	16 g

Por porção: 206 kcal
Proteínas: 5 g; carboidratos: 36 g; gorduras totais: 6 g; gorduras saturadas: 1 g; fibras: 2 g; açúcar: 16 g; sal: 0,43 g

Rendimento: 12 muffins
Preparo: 25 minutos
Cozimento: 20 a 25 minutos

5 colheres (sopa) de óleo de canola
225 g de farinha de trigo com fermento
115 g de farinha integral
2 colheres (chá) de fermento em pó
raspas de ½ limão-siciliano, mais 1 colher (chá) do suco
85 g de açúcar amarelo (veja página 122)
50 g de açúcar mascavo claro
1 banana pequena bem madura com casca escura (totalizando cerca de 85 g sem casca)
1 ovo grande
300 ml de buttermilk (veja página 60)
225 g de mirtilos frescos

1 Preaqueça o forno a 200 °C. Use 1 colher (chá) do óleo para untar levemente uma fôrma para doze muffins (ou forre com forminhas de papel).

2 Misture as duas farinhas com o fermento e as raspas de limão. Reserve 1 colher (sopa) do açúcar amarelo e adicione o restante à farinha com o açúcar mascavo.

3 Amasse bem a banana. Em outra vasilha, bata o ovo, acrescente a banana, o buttermilk e o óleo restante; adicione tudo à mistura de farinha com uma colher grande de metal, mexendo delicadamente só até homogeneizar; se mexer demais, a massa ficará dura. Junte os mirtilos e mexa delicadamente com a colher, sem amassá-los.

4 Use uma colher para dividir a massa nas forminhas; elas devem ficar bem cheias. Asse por 20 a 25 minutos, até crescer e dourar.

5 Misture o açúcar amarelo restante com o suco de limão. Quando os muffins estiverem prontos, retire-os do fogo e pincele-os ainda quentes com a mistura de açúcar e limão. Com cuidado, solte as bordas de cada um com uma faca e deixe na fôrma por 15 minutos para esfriar um pouco, pois são muito frágeis quando quentes. Desenforme sobre uma grade de metal. Melhor consumi-los no mesmo dia.

Use buttermilk no lugar do leite para reduzir gorduras totais e saturadas.

Cookies com gotas de chocolate

O tamanho dos cookies americanos parece estar cada vez maior, talvez seja por isso que, quando os preparamos pequenos demais, nos sentimos enganados. Estes cookies são o equilíbrio perfeito entre tamanho e ingredientes.

	Clássica	Light
Valor energético	162 kcal	97 kcal
Gorduras totais	10 g	5 g
Gorduras saturadas	6 g	3 g
Açúcar	11 g	6 g

Por porção: 97 kcal

Proteínas: 1 g; carboidratos: 12 g; gorduras totais: 5 g; gorduras saturadas: 3 g; fibras: 1 g; açúcar: 6 g; sal: 0,12 g

Rendimento: 22 cookies

Preparo: 25 minutos, mais o tempo para esfriar e descansar
Cozimento: 12 minutos por fornada

85 g de manteiga

1 colher (sopa) de cacau em pó

1 colher (chá) de café solúvel granulado

85 g de açúcar mascavo claro

25 g de açúcar cristal amarelo

85 g de chocolate amargo com 70% de cacau

1 ovo médio batido

½ colher (chá) de essência de baunilha

140 g de farinha de trigo comum

½ colher (chá) de bicarbonato de sódio

1 Forre duas assadeiras rasas com papel-manteiga. Coloque a manteiga, o cacau e o café em uma caçarola de porte médio e cozinhe em fogo baixo até derreter a manteiga. Retire do fogo, acrescente os açúcares e deixe esfriar.

2 Pique o chocolate em pedacinhos. Adicione o ovo batido e a baunilha na mistura de manteiga e mexa até formar uma massa lisa. Misture a farinha com o bicarbonato de sódio e acrescente-os à massa com dois terços do chocolate, mexendo até homogeneizar. Não mexa demais. Deixe descansar por 10 a 15 minutos para firmar um pouco, até estar pronta para ser modelada.

3 Preaqueça o forno a 180 °C. Modele a massa em 22 bolinhas com as mãos. Coloque-as nas assadeiras untadas, deixando espaço suficiente entre elas para que não grudem quando espalharem (talvez seja necessário assar mais de uma fornada). Pressione o restante dos pedacinhos de chocolate sobre cada bolachinha. (Neste ponto, os cookies podem ser congelados nas próprias assadeiras, e transferidos e guardados em sacos plásticos por até um mês no congelador.) Asse por 12 minutos. Deixe-os nas assadeiras por alguns minutos e depois transfira para uma grade de metal para esfriar.

Adicione menos açúcar, mas intensifique o sabor e a umidade usando uma mistura de açúcar cristal e açúcar mascavo.

Victoria sandwich (bolo de pão de ló com recheio de geleia)

Apenas diminuir os ingredientes desta receita clássica não seria o suficiente, por isso também busquei alternativas que, além de mais saudáveis, manteriam a textura e o sabor característicos deste bolo. Finalmente você PODE preparar e comer este bolo.

	Clássica	Light
Valor energético	371 kcal	263 kcal
Gorduras totais	20,3 g	9,3 g
Gorduras saturadas	12 g	2,8 g
Açúcar	27,4 g	24,1 g

Por fatia: 263 kcal
Proteínas: 5,6 g; carboidratos: 39 g; gorduras totais: 9,3 g; gorduras saturadas: 2,8 g; fibras: 1,3 g; açúcar: 24,1 g; sal: 0,6 g

Rendimento: 8 fatias
Preparo: 25 minutos
Cozimento: 20 minutos

175 g de farinha de trigo com fermento

1½ colher (chá) de fermento em pó

140 g de açúcar amarelo (veja página 122)

25 g de amêndoas moídas

2 ovos grandes

175 g de iogurte natural

2 a 3 gotas de essência de baunilha

25 g de manteiga derretida

2 colheres (sopa) de óleo de canola, mais extra para untar

4 colheres (sopa) de geleia de framboesa

½ colher (chá) de açúcar de confeiteiro para decorar

1. Preaqueça o forno a 180 °C. Unte ligeiramente, com um pouco do óleo de canola, duas fôrmas redondas de bolo (18 cm), preferencialmente de aro removível, e forre as bases com papel-manteiga. Em uma vasilha grande, coloque a farinha, o fermento, o açúcar amarelo e as amêndoas moídas, fazendo um orifício no centro. Em uma vasilha separada, bata os ovos e acrescente o iogurte com a baunilha. Adicione essa mistura, com a manteiga derretida e o óleo, à mistura dos ingredientes secos e mexa brevemente com uma colher grande de metal até misturar tudo.

2. Divida a massa por igual nas duas fôrmas e nivele a superfície. Asse os dois bolos, um ao lado do outro, por 20 minutos, até a massa crescer e começar a se soltar das bordas.

3. Retire os bolos do forno e solte as laterais com uma faca sem ponta. Deixe esfriar um pouco nas fôrmas e desenforme. Se as fôrmas forem de aro removível, um jeito fácil de desenformar é colocá-las, uma de cada vez, sobre um pote de geleia virado de cabeça para baixo e deixar o aro externo se soltar. Retire o papel-manteiga e transfira o bolo para uma grade de metal. Deixe esfriar completamente.

4. Coloque um dos bolos sobre um prato e recheie-o com a geleia. Cubra com o outro bolo e polvilhe por cima o açúcar de confeiteiro ou faça um desenho com o açúcar usando um molde de papel.

Reduza bastante a manteiga e substitua por iogurte e óleo de canola para diminuir ainda mais a gordura, especialmente a saturada.

Barrinhas de cereal

Barrinhas de cereal têm uma consistência muito apetitosa, mas para manter os flocos de aveia grudados são necessárias grandes quantidades de manteiga e açúcar. O truque nesta versão mais saudável é acrescentar maçã ralada para usar menos desses ingredientes, mantendo, apesar disso, o melado, o puxa-puxa e o sabor.

	Clássica	*Light*
Valor energético	215 kcal	157 kcal
Gorduras totais	11,5 g	8,4 g
Gorduras saturadas	6,7 g	2,9 g
Açúcar	13,1 g	8,3 g

Por porção: 157 kcal
Proteínas: 3 g; carboidratos: 16,1 g; gorduras totais: 8,4 g; gorduras saturadas: 2,9 g; fibras: 2,1 g; açúcar: 8,3 g; sal: 0,1 g

Rendimento: 18 barrinhas
Preparo: 20 minutos
Cozimento: 30 a 35 minutos

---

85 g de manteiga cortada em pedaços
50 g de açúcar demerara
25 g de açúcar mascavo escuro
3 colheres (sopa) de *golden syrup* (veja página 133)
3 colheres (sopa) de óleo de canola
250 g de aveia em flocos finos
25 g de avelãs torradas e bem picadas
1 maçã grande sem casca e sem sementes, pesando cerca de 250 g
2 colheres (sopa) de sementes de girassol
1 colher (sopa) de sementes de linhaça dourada

1 Preaqueça o forno a 180 °C. Forre a base de uma assadeira rasa (28 x 18 cm) com papel-manteiga (não precisa untar). Em uma caçarola média, cozinhe em fogo moderado a manteiga, os dois açúcares e o *golden syrup* até a manteiga derreter, mexendo de vez em quando. Não precisa dissolver todo o açúcar. Retire do fogo e acrescente o óleo, a aveia e as avelãs. Rale grosso a maçã e adicione-a à mistura.

2 Coloque a mistura de aveia na fôrma untada e espalhe de modo uniforme. Jogue por cima as sementes de girassol e de linhaça dourada, pressionando-as para dentro da superfície.

3 Asse por 25 a 30 minutos ou até firmar e dourar bem. Solte a mistura das laterais da fôrma para não grudar. Com uma faca afiada, divida em dezoito barras e deixe esfriar antes de cortar e de tirar as barrinhas da fôrma.

Reduza a gordura e o açúcar acrescentando um pouco de maçã ralada para dar consistência e aumentar as fibras.

CONFEITARIA SEM CULPA 181

Cookies de aveia com uva-passa

Para a maioria dos cookies, o que determina o equilíbrio perfeito entre crocância e elasticidade geralmente é a quantidade de gordura e açúcar. Com o objetivo de encontrar maneiras de conseguir essas duas características e obter uma bolacha minimamente saudável, fiz escolhas cuidadosas de ingredientes e de métodos de cocção que me assegurassem que ainda seria uma delícia mastigá-la.

	Clássica	Light
Valor energético	218 kcal	116 kcal
Gorduras totais	11 g	5,6 g
Gorduras saturadas	5,3 g	2 g
Açúcar	15,1 g	8,2 g

Por porção: 116 kcal
Proteínas: 1,8 g; carboidratos: 14,2 g; gorduras totais: 5,6 g; gorduras saturadas: 2 g; fibras: 1 g; açúcar: 8,2 g; sal: 0,1 g

Rendimento: 15 cookies
Preparo: 25 minutos, mais o tempo para esfriar
Cozimento: 10 minutos por fornada

50 g de manteiga
3 colheres (sopa) de óleo de canola
1 colher (sopa) de *golden syrup* (veja página 133)
50 g de farinha de trigo integral
50 g de farinha de trigo comum
50 g de aveia em flocos finos
50 g de açúcar mascavo claro
¼ de colher (chá) de fermento em pó
¼ de colher (chá) de bicarbonato de sódio
½ colher (chá) de canela em pó
85 g de uvas-passas
1 ovo médio batido

1 Preaqueça o forno a 180 °C. Forre uma assadeira grande (ou duas, se tiver) com papel-manteiga.

2 Derreta a manteiga em uma caçarola pequena; então, retire-a do fogo. Acrescente o óleo e o *golden syrup*; reserve para esfriar um pouco. Em uma vasilha grande, misture as duas farinhas e a aveia com o açúcar, o fermento em pó, o bicarbonato de sódio, a canela e as uvas-passas. Faça um orifício no centro e adicione dentro a manteiga com o óleo e o ovo. Misture tudo até formar uma massa macia e levemente grudenta.

3 Divida e modele a massa em quinze bolinhas de tamanhos iguais. Coloque-as na assadeira, deixando espaço suficiente entre elas para que não grudem quando se espalharem, e, em seguida, achate-as com os dedos até formar círculos de 6 cm. Asse por cerca de 10 minutos (em fornadas) ou até dourar. Deixe esfriar na assadeira por alguns minutos e, então, transfira para uma grade de metal para terminar de esfriar.

Forre a assadeira com papel-manteiga, pois assim não precisará usar manteiga para untar.

Torta de amêndoas

Esta é a minha versão da torta inglesa Bakewell. O truque está em substituir metade das amêndoas pelo fubá – assim você reduz gordura e, ao mesmo tempo, conserva a textura característica da torta. Este doce fica ainda mais macio quando consumido no dia seguinte.

	Clássica	Light
Valor energético	429 kcal	280 kcal
Gorduras totais	28,2 g	16,2 g
Gorduras saturadas	12,5 g	3,9 g
Açúcar	20,3 g	12,8 g

Por porção: 280 kcal
Proteínas: 5,9 g; carboidratos: 27,2 g; gorduras totais: 16,2 g; gorduras saturadas: 3,9 g; fibras: 1,1 g; açúcar: 12,8 g; sal: 0,4 g

Rendimento: 8 fatias

Preparo: 25 minutos
Cozimento: 50 minutos

200 g de massa podre pronta
farinha de trigo comum para polvilhar
100 g de framboesas frescas
1 colher (sopa) de geleia de framboesa
1 colher (sopa) de amêndoas em lascas
1 colher (sopa) cheia de açúcar de confeiteiro peneirado

Para o recheio
50 g de amêndoas moídas
50 g de fubá
50 g de açúcar amarelo, mais 2 colheres (chá) (veja página 122)
½ colher (chá) de fermento em pó
2 ovos médios
100 g de iogurte natural
½ colher (chá) rasa de essência de amêndoa
2 colheres (sopa) de óleo de canola

1. Preaqueça o forno a 200 °C. Abra a massa bem fino sobre uma superfície ligeiramente enfarinhada. Forre com a massa uma fôrma redonda e canelada (20 cm), alisando-a com cuidado para que não fique muito esticada. Passe um rolo sobre a borda da fôrma para retirar todo o excesso. Fure ligeiramente a base com um garfo e coloque a fôrma em uma assadeira rasa. Forre a base com papel-alumínio e preencha com feijões. Asse por 12 minutos, até firmar.

2. Enquanto isso, para começar a preparar o recheio, aqueça uma panela pequena, antiaderente, e coloque as amêndoas moídas dentro. Cozinhe em fogo baixo, mexendo de vez em quando, por 2 a 3 minutos, até dourar um pouco. Transfira para uma vasilha para esfriar.

3. Retire o papel-alumínio e os feijões da massa e asse por mais 5 minutos até dourar um pouco. Retire do fogo e reduza a temperatura para 180 °C.

4. Em uma vasilha pequena, amasse com um garfo as framboesas e a geleia; espalhe essa mistura na base da massa. Na vasilha com as amêndoas torradas, acrescente o fubá, o açúcar e o fermento; mexa até misturar, fazendo um orifício no meio. Em outra vasilha, bata os ovos e acrescente o iogurte e a essência de amêndoa. Adicione essa mistura, junto com o óleo, aos ingredientes secos e mexa delicadamente com uma colher grande de metal até misturar tudo – sem mexer demais.

5. Despeje o recheio de amêndoas sobre a mistura de framboesa e espalhe por cima as amêndoas em lascas. Asse por 30 minutos ou até a massa crescer e dourar um pouco. Deixe esfriar ligeiramente e desenforme.

6. Misture o açúcar de confeiteiro com algumas gotas de água fria, formando uma cobertura grossa, e, com uma colher de chá, regue essa cobertura sobre a torta fria.

Use fubá para substituir parte das amêndoas moídas e intensifique o sabor com a essência de amêndoa.

Rocambole de chocolate

Embora tradicionalmente servido no Natal, este rocambole de chocolate *light*, preparado sem manteiga e sem creme de leite, pode se tornar o doce favorito para o ano inteiro. Com algumas alterações no modo de preparo e nos ingredientes, ele continua saboroso e elegante.

	Clássica	*Light*
Valor energético	482 kcal	271 kcal
Gorduras totais	29 g	13 g
Gorduras saturadas	16 g	7 g
Açúcar	42 g	22 g

Por porção: 271 kcal

Proteínas: 8 g; carboidratos: 33 g; gorduras totais: 13 g; gorduras saturadas: 7 g; fibras: 1 g; açúcar: 22 g; sal: 0,29 g

Rendimento: 10 fatias

Preparo: 35 minutos, mais o tempo para esfriar
Cozimento: 12 a 15 minutos

Para o pão de ló

óleo de canola para untar

1 colher (chá) de café solúvel granulado

4 ovos grandes à temperatura ambiente

85 g de açúcar amarelo (veja página 122), mais extra para enrolar

50 g de açúcar mascavo claro

120 g de farinha de trigo com fermento

2 colheres (sopa) de cacau em pó

Para a cobertura

50 g de chocolate amargo com 70% ou mais de cacau, bem picado

250 g de queijo mascarpone *light* (veja página 40)

140 g de queijo quark

50 g de açúcar de confeiteiro

1½ colher (sopa) de cacau em pó

1 colher (chá) de café solúvel granulado

½ colher (chá) de essência de baunilha

ramos de azevinho para decorar (opcional)

1 Preaqueça o forno a 190 °C. Unte ligeiramente uma fôrma de rocambole (23 x 33 cm) com um pouco do óleo de canola e forre com papel-manteiga.

2 Para o pão de ló, misture o café com 1 colher (sopa) de água morna. Bata na batedeira os ovos com os dois açúcares e a mistura de café por cerca de 8 minutos ou até a mistura ficar grossa e aerada, como o merengue, e formar picos quando erguer os batedores.

3 Peneire a farinha e o cacau em pó sobre a mistura fofa de ovos e incorpore delicadamente usando uma colher grande de metal. Espalhe essa mistura por igual na fôrma untada e nivele com cuidado sem que murche. Use uma faca, se preciso, para preencher os cantos com a massa muito delicadamente. Asse por 12 a 15 minutos ou até o bolo ficar esponjoso, mas firme ao toque.

4 Abra uma folha de papel-manteiga sobre a superfície de trabalho e polvilhe com um pouco de açúcar. Vire a fôrma para baixo sobre o papel-manteiga e deixe o bolo cair dela. Com cuidado, tire o papel-manteiga do bolo. Enrole-o de comprido a partir de uma das extremidades menores com a ajuda do papel-manteiga, virando o papel para dentro para que o bolo não grude. Deixe esfriar. (O bolo fica ainda mais úmido se for deixado durante a noite embrulhado e, no dia seguinte, levado à geladeira.)

5 Para a cobertura de chocolate, coloque o chocolate picado em um refratário médio. Aqueça uma panela pequena com água (cerca de um terço) até ferver, retire do fogo e encaixe o refratário em cima. Deixe por alguns minutos fora do fogo até derreter. Retire o refratário da panela e deixe o chocolate esfriar.

6 Em uma vasilha, bata o mascarpone com o queijo quark e peneire por cima o açúcar de confeiteiro e o cacau em pó. Mexa para misturar. Acrescente o chocolate derretido frio (reserve umas 2 colheres [chá] para decorar) e o café misturado com a essência de baunilha.

7 Desenrole o bolo com cuidado – não se preocupe se quebrar um pouco – e descarte o papel-manteiga. Espalhe metade da cobertura sobre o bolo e enrole-o novamente, finalizando com a prega para baixo. Coloque o rocambole sobre um prato de servir. Cubra todo o redor do bolo com o resto da cobertura e regue por cima o chocolate derretido que sobrou. Decore com ramos de azevinho, se quiser.

Para a cobertura e o recheio, substitua a manteiga pelo mascarpone light e o queijo quark para reduzir a gordura.

•

Use menos chocolate e intensifique o sabor com cacau, café e essência de baunilha.

•

Prepare uma cobertura que leve menos açúcar.

ACOMPANHAMENTOS, LANCHES E PETISCOS

Café da manhã inglês completo

Você já devorou um café da manhã completo, com ovos fritos, bacon, linguiças e torradas, e depois ficou se sentindo culpado? Esta versão é mais contemporânea e usa linguiça com alto teor de carne e o mínimo de gordura e sal possíveis.

	Clássica	*Light*
Valor energético	807 kcal	618 kcal
Gorduras totais	63 g	37 g
Gorduras saturadas	18 g	11 g
Sal	4,52 g	3,05 g

Por porção: 618 kcal
Proteínas: 37 g; carboidratos: 37 g; gorduras totais: 37 g; gorduras saturadas: 11 g; fibras: 5 g; açúcar: 21 g; sal: 3,05 g

Rendimento: 2 porções
Preparo: 5 minutos
Cozimento: cerca de 20 minutos

4 fatias de bacon não defumado com bastante carne e de boa qualidade

4 cogumelos portobello aparados

12 a 16 tomates-cerejas à temperatura ambiente

6 colheres (chá) de azeite de oliva

2 fatias de pão granary ou integral cortadas na diagonal

2 linguiças de porco de boa qualidade, com um mínimo de 86% de carne

2 ovos grandes à temperatura ambiente

algumas gotas de vinagre de maçã

2 copos de 100 ml de suco de laranja fresco

1 laranja cortada em gomos

1 punhado de mirtilos frescos, totalizando cerca de 50 g

1 Coloque o bacon, os cogumelos e os tomates em uma assadeira rasa forrada com papel-alumínio. Pincele a superfície dos cogumelos com 3 colheres (chá) de azeite e os dois lados das fatias de pão com o azeite restante. Reserve.

2 Preaqueça a grelha em fogo alto. Coloque as linguiças em uma assadeira rasa pequena, forrada com papel-alumínio (melhor não furar as linguiças para que não soltem água). Grelhe por 10 minutos até cozinhar, virando algumas vezes do outro lado.

3 Enquanto isso, encha com água três quartos de uma panela pequena e de uma caçarola de boca larga e fundo triplo. Deixe levantar fervura nas duas panelas. Coloque um ovo inteiro na panela pequena e retire depois de 30 segundos. Quebre-o em um copo. Adicione vinagre na caçarola e, com um fouet, faça movimentos circulares na água, criando um redemoinho. Retire o fouet devagar e derrame o ovo no meio do redemoinho. Quando a água voltar a ferver, retire a panela do fogo, tampe e deixe por 3 minutos; depois, retire o ovo. Transfira para uma vasilha com água morna enquanto você cozinha o outro ovo. Você pode também cozinhar os dois ovos com 1 hora de antecedência, deixá-los em uma vasilha com água gelada e depois reaquecê-los em água fervente em fogo brando por 1½ minuto antes de servir.

4 Enquanto cozinha os ovos, aqueça uma frigideira grill em fogo alto. Coloque o bacon, os tomates e os cogumelos na grelha por 3 a 4 minutos, sem virar de lado. Ao mesmo tempo, coloque o pão na frigideira grill e cozinhe por cerca de 1 minuto, dos dois lados, até ficar crocante. Escorra tudo no papel-toalha.

5 Retire os ovos com uma colher vazada e seque-os brevemente no papel-toalha. Disponha tudo em um prato e sirva com o suco e as frutas.

Faça uma escolha consciente dos ingredientes, verificando e comparando suas quantidades nos rótulos do pão, do bacon e das linguiças para reduzir o sal.

ACOMPANHAMENTOS, LANCHES E PETISCOS

Granola crocante

Muitas granolas são excessivamente doces e, em decorrência de todas as sementes, nozes e óleos que as deixam crocantes, correm o risco de apresentar altos teores de gorduras totais. A granola desta receita ainda é bem crocante e irá deixá-lo com energia durante toda a manhã.

	Clássica	Light
Valor energético	283 kcal	236 kcal
Gorduras totais	17,6 g	13,2 g
Gorduras saturadas	2,1 g	1,5 g
Açúcar	7,6 g	4,4 g

Por porção: 236 kcal
Proteínas: 7,1 g; carboidratos: 19,5 g; gorduras totais: 13,2 g; gorduras saturadas: 1,5 g; fibras: 4,5 g; açúcar: 4,4 g; sal: 0 g

Rendimento: 18 porções de 50 g
Preparo: 15 minutos
Cozimento: 20 a 25 minutos

- 450 g de aveia em flocos finos
- 25 g de amêndoas inteiras com pele, picadas ou fatiadas
- 50 g de nozes-pecãs picadas
- 50 g de avelãs com pele, picadas grosseiramente
- 50 g de sementes de girassol
- 50 g de sementes de abóbora
- 4 colheres (sopa) de sementes de linhaça dourada
- 3 colheres (sopa) de sementes de gergelim
- 4 colheres (sopa) de óleo de canola
- 2 colheres (sopa) de mel
- 2 colheres (chá) de *black treacle* (veja página 133)
- 50 g de mirtilos ou cranberries secos

1. Preaqueça o forno a 190 °C. Forre uma assadeira rasa grande com papel-manteiga. Coloque a aveia em uma vasilha grande e acrescente todas as nozes e sementes; misture.

2. Meça o óleo de canola em uma vasilha pequena e acrescente o mel e o *black treacle*. Transfira essa mistura para a vasilha da aveia e mexa bem para cobrir tudo e desmanchar todos os grumos de aveia. Um garfo grande é o utensílio ideal neste caso.

3. Espalhe a mistura na assadeira, esparramando bem para que doure no forno. Asse por 20 a 25 minutos, revirando com um garfo cerca de duas a três vezes para que as partes de baixo fiquem na superfície e dourem também. Quando dourar tudo, retire do forno e acrescente os mirtilos ou cranberries secos; misture. Deixe esfriar para ficar crocante e armazene em um recipiente hermeticamente fechado.

DICAS

- Se você medir o azeite na colher medidora e, em seguida, colocar o mel, sem lavá-la, ele escorrerá facilmente da colher.
- Acrescente as frutas secas depois de assar a granola, caso contrário o cozimento as deixará duras.

Use um pouquinho de black treacle para conferir doçura. Seu sabor concentrado implicará em um menor uso de mel e de açúcar.

ACOMPANHAMENTOS, LANCHES E PETISCOS 193

Omelete espanhol

Tradicionalmente, as batatas e as cebolas fatiadas de um omelete espanhol, antes de serem incorporadas aos ovos, são cozidas em uma quantidade absurda de óleo. Para deixar esta receita mais leve, eu as assei no forno.

	Clássica	Light
Valor energético	558 kcal	295 kcal
Gorduras totais	38,9 g	16,5 g
Gorduras saturadas	6,7 g	3,5 g
Sal	0,6 g	0,5 g

Por porção: 295 kcal
Proteínas: 12,1 g; carboidratos: 24,2 g; gorduras totais: 16,5 g; gorduras saturadas: 3,5 g; fibras: 4,2 g; açúcar: 6,3 g; sal: 0,5 g

Rendimento: 4 porções
Preparo: 25 minutos
Cozimento: 35 minutos

1 cebola média bem fatiada

1 pimentão vermelho sem miolo, sem sementes e bem fatiado

3 colheres (sopa) de azeite de oliva extravirgem

500 g de batatas bolinhas sem casca e bem fatiadas

100 g de folhas de espinafre

6 ovos médios

4 colheres (sopa) de folha de salsinha lisa picada

sal e pimenta-do-reino preta moída na hora

1 Preaqueça o forno a 190 °C. Espalhe a cebola na metade de uma assadeira rasa, antiaderente, e as fatias de pimentão na outra metade. Regue 1 colher (chá) de azeite de oliva por cima das fatias de cebola e outra colher (chá) por cima do pimentão. Mexa delicadamente para cobrir, mantendo-os separados e esparramados. Espalhe as batatas em uma assadeira rasa, grande e antiaderente, e regue por cima 1 colher (sopa) de azeite. Misture todos os legumes e tempere com pimenta-do-reino preta. Asse por 20 a 25 minutos, até amolecer e dourar um pouco.

2 Coloque o espinafre em uma vasilha refratária e cubra com água quase fervente para murchar. Deixe por 30 segundos e mexa. Em seguida, passe por um escorredor de macarrão e esfrie sob água corrente. Esprema para tirar todo o líquido e pique bem.

3 Em uma vasilha grande, bata os ovos com um garfo e acrescente água gelada. Adicione a cebola, as batatas, o pimentão, o espinafre e 3 colheres (sopa) de salsinha. Tempere com mais pimenta-do-reino e um pouquinho de sal. Deixe a mistura descansar por 5 minutos para incorporar os sabores.

4 Coloque 1 colher (sopa) de azeite em uma frigideira antiaderente (23 x 25 cm) e aqueça em fogo moderado. Mexa a mistura de ovos e despeje-a na frigideira, espalhando uniformemente. Assim que começar a firmar, vire ligeiramente a frigideira para que o ovo corra para as bordas ainda líquido. Depois de 6 a 7 minutos, quando as bordas estiverem cozidas, a parte de baixo ligeiramente dourada e o interior ainda cru, verifique se a base não está grudando e vire o omelete com cuidado sobre um prato grande.

5 Coloque na frigideira 1 colher (chá) que sobrou do azeite e escorregue o omelete e o restante de ovo mole de volta na panela. Dobre as bordas para cima, modelando o omelete como uma almofada, e cozinhe por cerca de 4 minutos, até firmar. Retire do fogo e deixe descansar por 3 a 4 minutos antes de servir. Sirva quente, morno ou frio, decorado com o restante da salsinha.

Reduza a gordura assando os legumes no forno com uma quantidade mínima de azeite e cozinhando o omelete em uma frigideira antiaderente.

Legumes assados

Legumes assados são sempre muito apetitosos, com seu aspecto dourado e crocante, porém para isso são necessárias copiosas quantidades de óleo. Aqui, o óleo foi mantido a uma quantidade mínima, pois os legumes foram cozidos à moda francesa, no *papillote*, bem embrulhados no papel-manteiga. Dessa maneira, o sabor fica todo concentrado enquanto assam, e os legumes ficam deliciosamente dourados e crocantes.

	Clássica	*Light*
Valor energético	198 kcal	141 kcal
Gorduras totais	8,9 g	3,8 g
Gorduras saturadas	1,3 g	0,4 g
Sal	0,3 g	0,2 g

Por porção: 141 kcal
Proteínas: 4 g; carboidratos: 22,2 g; gorduras totais: 3,8 g; gorduras saturadas: 0,4 g; fibras: 3,7 g; açúcar: 5,4 g; sal: 0,2 g

Rendimento: 4 porções
Preparo: 15 minutos
Cozimento: 30 minutos

1 pimentão vermelho

1 abobrinha média

400 g de batatas bolinhas sem casca, lavadas e cortadas ao meio

4 echalotas pequenas cortadas ao meio

8 dentes de alho sem casca

4 ramos de alecrim

4 colheres (chá) de óleo de canola

sal e pimenta-do-reino fresca moída na hora

1 Preaqueça o forno a 200 °C. Corte quatro quadrados de 38 cm de papel-manteiga.

2 Corte o pimentão em quatro partes e retire o miolo e as sementes, depois corte cada quarto em quatro, obtendo um total de dezesseis pedaços. Corte a abobrinha em doze fatias grossas.

3 Disponha um quarto dos legumes no meio de cada pedaço de papel--manteiga junto com 2 dentes de alho e 1 ramo de alecrim. Regue 1 colher (chá) de óleo por cima de cada um. Tempere com pimenta-do-reino e uma pitada de sal. Dobre as laterais do papel para cima, formando pacotinhos bem fechados.

4 Coloque os papillotes em uma assadeira rasa e asse por 30 minutos, até amolecer e dourar os legumes.

DICAS

- Corte os legumes em tamanhos uniformes para que cozinhem por igual e ao mesmo tempo.
- Essa mistura de legumes é um bom acompanhamento para frango ou peixe assado.

Reduza a gordura pela metade assando em *papillotes* e mantenha a gordura saturada a um nível mínimo usando óleo de canola.

ACOMPANHAMENTOS, LANCHES E PETISCOS

Homus

Um aspecto que as pessoas adoram no homus é a sua textura macia e cremosa, proveniente da mistura de grãos-de-bico com tahine e azeite de oliva, que são batidos até formar uma massa lisa. Ao acrescentar iogurte e alho assado, descobri que não era necessário usar tanto tahine e azeite. Esta versão mais *light* ainda conserva um sabor surpreendentemente intenso e reduz em mais da metade as gorduras totais e saturadas.

	Clássica	*Light*
Valor energético	233 kcal	145 kcal
Gorduras totais	18,9 g	8,2 g
Gorduras saturadas	2,6 g	1 g
Sal	0,4 g	0,5 g

Por porção: 145 kcal
Proteínas: 6,8 g; carboidratos: 11,4 g; gorduras totais: 8,2 g; gorduras saturadas: 1 g; fibras: 4,5 g; açúcar: 1,1 g; sal: 0,5 g

Rendimento: 4 porções
Preparo: 15 minutos
Cozimento: 25 a 30 minutos

1 cabeça de alho
1 colher (chá) de sementes de cominho
400 g de grão-de-bico enlatado
2 colheres (sopa) de suco de limão, mais extra a gosto (opcional)
1½ colher (sopa) de tahine
1 colher (sopa) de óleo de canola
2 colheres (sopa) de iogurte natural
sal
1 pitada de páprica e de folhas lisas de salsinha picadas, para decorar

1 Preaqueça o forno a 190 °C. Remova o caule da cabeça de alho de modo que o topo de cada dente fique ligeiramente exposto. Coloque a cabeça de alho em uma assadeira pequena e asse por 25 a 30 minutos, até os dentes estarem macios.

2 Enquanto isso, aqueça uma panela pequena de fundo triplo e coloque as sementes de cominho. Cozinhe por cerca de 1 minuto, ou até as sementes liberarem seu perfume e escurecerem um pouco, mexendo para não queimar. Moa bem com um pilão.

3 Peneire os grãos-de-bico sobre uma vasilha e transfira-os para um liquidificador ou um processador de alimentos com o suco de limão e 3 colheres (sopa) de água fria. Quando o alho amolecer, retire do fogo e, depois de frio, solte os dentes da cabeça, esprema-os para que a polpa macia saia e coloque-a junto com os grãos-de-bico. Processe até a mistura ficar lisa. Acrescente o tahine, 1 colher (chá) de óleo de canola, o iogurte, ½ colher (chá) de cominho tostado e uma pitada de sal. Bata de novo até a mistura ficar macia e cremosa.

4 Experimente para saber se é necessário acrescentar mais suco de limão. Se preferir uma pasta ainda mais macia, acrescente uma gota a mais de água. Com uma colher, espalhe o homus em um prato grande ou em dois pequenos, fazendo movimentos circulares com as costas da colher. Decore com uma pitada de páprica, com as folhas de salsinha picadas e com o restante das sementes de cominho a gosto. Finalize com um fio do óleo que restou.

Reduza a gordura substituindo parte do óleo e do tahine por iogurte, água e alho assado, conservando o sabor e a cremosidade.

Rolinhos de linguiça

Você pode mandar as calorias embora com esta versão mais *light*. Como nem sempre vem especificado do que são feitas as linguiças mais baratas, usei carne moída de porco magra, que possui menos gordura.

	Clássica	*Light*
Valor energético	178 kcal	99 kcal
Gorduras totais	13,8 g	5,5 g
Gorduras saturadas	5 g	2 g
Sal	0,83 g	0,27 g

Por rolinho de linguiça: 99 kcal
Proteínas: 5,9 g; carboidratos: 6,8 g; gorduras totais: 5,5 g; gorduras saturadas: 2 g; fibras: 0,6 g; açúcar: 0,3 g; sal: 0,27 g

Rendimento: 16 rolinhos
Preparo: 25 minutos, mais o tempo para esfriar e gelar (opcional)
Cozimento: 20 minutos

Para o recheio
1 colher (chá) de óleo de canola
1 echalota grande bem picada
100 g de lentilhas verdes (peso seco de uma lata de 400 g)
300 g de carne moída de porco com 8% de gordura
50 g de farelo de pão branco fresco
2 colheres (chá) de estragão bem picado
1 boa pitada de mostarda inglesa em pó
1 boa pitada de noz-moscada ralada
farinha de trigo comum para polvilhar

Para a massa
½ rolo de 375 g de massa folhada pronta
2 colheres (chá) de leite semidesnatado para glacear
sal e pimenta-do-reino preta moída na hora

1. Preaqueça o forno a 220 °C. Forre uma assadeira rasa com papel-manteiga.

2. Aqueça o óleo em uma panela pequena antiaderente. Acrescente a echalota e refogue por alguns minutos até amolecer. Deixe esfriar. Enquanto isso, amasse as lentilhas em uma vasilha com as costas de uma colher, então adicione o restante dos ingredientes do recheio, a echalota, uma pitadinha de sal e uma boa quantia de pimenta-do-reino preta moída na hora. Tampe e leve para gelar por 20 minutos (não é imprescindível, mas facilita na hora de moldar).

3. Divida o recheio em duas partes. Polvilhe um pouco de farinha sobre a superfície de trabalho e, com as mãos, modele cada metade, uma de cada vez, no formato de uma salsicha de 28 cm de comprimento – se começar a grudar, polvilhe mais farinha na superfície de trabalho. Reserve.

4. Abra a massa em um quadrado de 28 cm sobre a superfície de trabalho ligeiramente polvilhada com um pouco de farinha. Corte ao meio para obter dois retângulos. Coloque uma das linguiças ao longo de uma das faces maiores do retângulo e enrole-a na massa até quase fechá-la. Pincele um pouquinho de leite no lado oposto maior e coloque a prega para baixo, pressionando para selar. Apare as extremidades para arrumar, se necessário, e, em seguida, corte em oito rolinhos. Coloque em uma assadeira com as pregas para baixo. Usando o lado cego da faca, marque três linhas na superfície de cada rolinho. Faça o mesmo com o resto da massa e do recheio. Pincele a superfície com um pouquinho de leite.

5. Asse por 18 a 20 minutos, até dourar e crescer ligeiramente. Retire da assadeira e deixe esfriar em uma grade de metal. Sirva morno ou frio.

Em vez de linguiça pronta, use carne de porco moída para reduzir as gorduras totais. Substitua parte da carne por lentilhas verdes para diminuir as gorduras saturadas.

ACOMPANHAMENTOS, LANCHES E PETISCOS

Pastéis assados com recheio de carne

Não deixe de comer este prato, que é um dos preferidos para o almoço. O segredo desta versão mais saudável está na massa – a forma como é preparada resulta em um tamanho menor em relação ao pastel tradicionalmente grande, com a espessura da casca mais fina.

	Clássica	Light
Valor energético	821 kcal	511 kcal
Gorduras totais	50,6 g	25,2 g
Gorduras saturadas	27,8 g	10,7 g
Sal	1,9 g	0,8 g

Por pastel: 511 kcal
Proteínas: 22,1 g; carboidratos: 48,5 g; gorduras totais: 25,2 g; gorduras saturadas: 10,7 g; fibras: 2,8 g; açúcar: 3,1 g; sal: 0,8 g

Rendimento: 6 pastéis
Preparo: 1 hora
Cozimento: 50 minutos

Para o recheio

400 g de fraldinha bovina sem o excesso de gordura e cortada em pedaços grandes

140 g de batatas cortadas em cubos

140 g de nabos redondos cortados em cubos

100 g de cebolas bem picadas

3 colheres (sopa) de salsinha picada

1 colher (sopa) de molho inglês

Para a massa

350 g de farinha de trigo comum, mais extra para polvilhar

1¼ de colher (chá) de fermento em pó

85 g de manteiga gelada cortada em pedacinhos

3 colheres (sopa) de óleo de canola extravirgem

1 ovo grande com clara e gema separadas

sal e pimenta-do-reino preta moída na hora

1 Preaqueça o forno a 200 °C. Forre uma ou duas assadeiras rasas com papel-manteiga.

2 Para preparar o recheio, misture tudo em uma vasilha com ¾ de colher (chá) de pimenta-do-reino e 1 colher (sopa) de água gelada. Acrescente uma pitada de sal, mexa e reserve.

3 Para preparar a massa, coloque a farinha, o fermento e a manteiga em um processador de alimentos. Processe até a mistura parecer uma farofa fina. Acrescente o óleo, a gema e 5 colheres (sopa) de água gelada. Bata de novo até a massa começar a tomar forma, acrescentando entre ½ e 1 colher (sopa) de água, ou conforme o necessário. A massa estará na consistência certa quando, ao apertá-la, ela não se desmanchar. Transfira para a superfície de trabalho e modele delicadamente em uma bola uniforme.

4 Corte a massa em seis pedaços iguais. Para cada pastel, modele com cuidado um pedaço de massa em uma bolinha lisa. (Mantenha os outros embrulhados no papel-filme até a hora de usar.) Pressione a bolinha para baixo, formando um círculo chato. Em seguida, abra a massa com o rolo sobre uma superfície ligeiramente enfarinhada, o mais fina possível, até formar um círculo de 20 cm de diâmetro. Como você está abrindo em uma espessura mais fina que a usual, tome cuidado para não quebrar, e mantenha a superfície de trabalho e o rolo ligeiramente enfarinhados para evitar que a massa grude. Use a base de uma fôrma de aro removível de 20 cm de diâmetro (ou similar) como molde para cortar em volta da massa e aparar a borda.

5 Com uma colher, coloque um sexto do recheio no meio da massa e pressione ligeiramente com as mãos para que o recheio fique firme e nivelado. Umedeça a borda com água e, com cuidado, erga um dos lados sobre o outro para que se juntem, empurrando o recheio para dentro para que não caia enquanto você faz isso. Aperte as pontas para fechar e faça uma borda fina e decorada enrolando a massa ou fazendo pregas ao longo de toda a volta. Pressione bem para baixo para selar. Faça o mesmo com a massa e o recheio que sobraram.

6 Coloque os pastéis na assadeira com o papel-manteiga e faça um furinho na superfície de cada um para escapar o vapor. Bata a clara em neve até formar picos moles e pincele um pouquinho nos pastéis para dar brilho.

7 Asse por 15 minutos e diminua a temperatura do forno para 180 °C. Pincele com mais clara de ovo e asse por 35 minutos, até o pastel dourar e ficar crocante. Caso esteja dourando rápido demais, cubra ligeiramente com papel-alumínio. Retire do forno com uma espátula larga e deixe esfriar um pouco sobre uma grade de metal. Sirva morno ou frio.

Reduza as gorduras totais tirando todo o excesso de gordura da carne.

•

Use menos gordura na massa, substituindo parte da manteiga por óleo de canola para diminuir o teor de gorduras saturadas.

•

Abra a massa mais fino para usá-la em menor quantidade.

•

Tempere o recheio com bastante pimenta para usar menos sal.

Pão de alho

À primeira mordida, a manteiga já escorre, fazendo do pão de alho uma comidinha tão gostosa que só de pensar nela seu coração já bate mais forte. Com algumas discretas alterações, esta receita teve redução de metade das gorduras saturadas em relação à versão clássica, mas o sabor de alho continua fortemente impregnado em cada fatia de pão.

	Clássica	*Light*
Valor energético	230 kcal	160 kcal
Gorduras totais	11,4 g	8,3 g
Gorduras saturadas	6,7 g	3,1 g
Sal	0,8 g	0,6 g

Por porção (2 fatias de pão): 160 kcal
Proteínas: 4,8 g; carboidratos: 16,6 g; gorduras totais: 8,3 g; gorduras saturadas: 3,1 g; fibras: 1,3 g; açúcar: 1,1 g; sal: 0,6 g

Rendimento: 8 porções (2 fatias de pão por porção)
Preparo: 20 minutos
Cozimento: 12 minutos

25 g de manteiga sem sal à temperatura ambiente
25 g de maionese
50 g de queijo muçarela ralado
2 colheres (chá) de azeite de oliva extravirgem
3 dentes de alho amassados
1 colher (sopa) de salsinha bem picada
1 colher (sopa) de cebolinha-francesa bem cortada na tesoura
1 pão ciabata de 270 g
pimenta-do-reino preta moída na hora

1 Preaqueça o forno a 190 °C. Em uma vasilha, bata a manteiga com a maionese até a mistura ficar homogênea e lisa. Acrescente a muçarela, o azeite e o alho; mexa e adicione a salsinha e a cebolinha. Tempere com um pouquinho de pimenta-do-reino.

2 Reparta a ciabata ao meio na horizontal. Espalhe a mistura de alho no lado cortado das duas metades. Embrulhe ligeiramente cada metade no papel-alumínio e coloque em uma assadeira rasa e grande. Asse por 10 minutos e depois retire do fogo.

3 Preaqueça a grelha em fogo alto. Com o papel-alumínio aberto, grelhe o pão por 2 minutos ou até borbulhar, ficar crocante e dourar. Corte cada metade em oito fatias e sirva.

Diminua pela metade a gordura saturada substituindo quase toda a manteiga pela mistura de queijo muçarela, maionese e azeite de oliva.

ACOMPANHAMENTOS, LANCHES E PETISCOS

Braseado de alho-poró e ervilhas

Este prato tem pouca gordura, conta como uma das cinco porções diárias de frutas, legumes e verduras, faz bem à saúde e é muito saboroso. Sirva como acompanhamento para salmão ou frango.

	Clássica	*Light*
Valor energético	90 kcal	56 kcal
Gorduras totais	4,1 g	1,9 g
Gorduras saturadas	2,3 g	0,3 g
Sal	0,2 g	0,4 g

Por porção: 56 kcal
Proteínas: 3,6 g; carboidratos: 6,1 g; gorduras totais: 1,9 g; gorduras saturadas: 0,3 g; fibras: 3,5 g; açúcar: 2,5 g; sal: 0,4 g

Rendimento: 6 porções
Preparo: 5 minutos
Cozimento: 20 minutos

6 alhos-porós aparados

250 ml de caldo de frango ou de legumes

3 dentes de alho fatiados

4 ramos de tomilho, mais folhas extras para servir

200 g de ervilhas congeladas

2 colheres (chá) de azeite de oliva

pimenta-do-reino preta moída na hora

1 Retire as folhas externas mais escuras e duras dos alhos-porós; descarte-as. Corte cada alho-poró na metade e lave-os em água corrente fria.

2 Coloque o caldo de frango ou de legumes em uma panela grande, larga e rasa e acrescente o alho e os ramos de tomilho. Arrume os alhos-porós na panela, cuidando para não amontoá-los, e tempere com pimenta. Tampe e cozinhe em fogo baixo por 15 minutos, até quase amolecer.

3 Adicione as ervilhas à panela, deixe levantar fervura novamente e cozinhe em fogo baixo por mais 5 minutos, até os legumes estarem cozidos.

4 Com uma colher vazada, transfira os alhos-porós, as ervilhas e o alho para um prato aquecido, tempere com mais pimenta-do-reino, regue com o azeite de oliva e decore com as folhas de tomilho.

Troque a manteiga pelo azeite de oliva para diminuir a gordura saturada e crie mais sabor usando alho e tomilho.

Ratatouille

Ao assar as berinjelas com os outros legumes, em vez de fritá-las, usei uma quantidade mínima de gordura. Para intensificar o sabor, emprestei a ideia da escritora de culinária Elizabeth David de acrescentar sementes de coentro moídas.

	Clássica	Light
Valor energético	249 kcal	161 kcal
Gorduras totais	18,2 g	8,8 g
Gorduras saturadas	2,8 g	1,4 g
Sal	0,9 g	0,2 g

Por porção: 161 kcal
Proteínas: 5,1 g; carboidratos: 15,6 g; gorduras totais: 8,8 g; gorduras saturadas: 1,4 g; fibras: 7,5 g; açúcar: 13,7 g; sal: 0,2 g

Rendimento: 4 porções
Preparo: 35 minutos
Cozimento: 45 minutos

2 pimentões vermelhos sem miolo, sem sementes e cortados em pedaços de 2,5 cm

2 abobrinhas médias cortadas em pedaços de 2,5 cm

1 berinjela grande cortada em pedaços de 2,5 cm

2 colheres (sopa) de azeite de oliva, mais 2 colheres (chá)

2 ramos de tomilho

2 ramos de alecrim

1 folha de louro

1 cebola picada

4 dentes de alho bem picados

450 g de tomates

1 colher (sopa) de sementes de coentro moídas

sal e pimenta-do-reino preta moída na hora

1 punhado de coentro fresco e de salsinha de folha lisa picados para decorar

1 Preaqueça o forno a 200 °C. Espalhe os pimentões, as abobrinhas e a berinjela em uma assadeira rasa, mantendo-os separados. Regue a berinjela com 1 colher (sopa) de azeite e os pimentões e as abobrinhas com mais 1 colher. Misture bem para cobrir todos os pedaços com o azeite, ainda mantendo-os separados e em uma única camada. Tempere com pimenta e um pouco de sal. Asse por 30 a 35 minutos ou até amolecer e dourar ligeiramente.

2 Enquanto isso, prepare o molho de tomate. Envolva o tomilho e o alecrim na folha de louro para fazer um bouquet *garni* e amarre com um barbante. Aqueça 2 colheres (chá) de azeite em uma panela ou uma frigideira grande. Acrescente a cebola e o alho e refogue em fogo baixo a médio por 10 minutos, até amolecer, mas sem dourar, mexendo de vez em quando. Corte os tomates ao meio, tire a polpa e pique grosseiramente. Adicione-os com o bouquet *garni* à cebola e cozinhe, ainda em fogo meio baixo, por cerca de 20 a 25 minutos ou até obter a consistência de molho.

3 Acrescente os legumes assados ao molho de tomate junto com os sucos da cocção. Adicione o coentro moído; tampe. Aqueça brevemente para misturar tudo, mas ainda conservando os legumes inteiros. Retire o bouquet *garni*, tempere com mais pimenta, se necessário, e, na hora de servir, decore com o coentro e a salsinha picados.

DICA

- Embora seja costume servi-lo como um acompanhamento de legumes morno ou quente, o ratatouille também é gostoso quando servido à temperatura ambiente como um almoço leve ou um jantar. Mesmo que aumente ligeiramente o teor de gordura, um pouquinho de queijo feta esfarelado por cima chega a ser indispensável.

Tempere com sementes de coentro, assim você não precisará de muito sal.

Creme de espinafre com alho

Misture o espinafre a um molho cremoso e você terá um acompanhamento de legumes muito especial; porém, com a manteiga e o creme de leite usados para enriquecer este prato, os níveis de gordura podem ficar altos. Por isso, criei um molho agradável e cremoso que não precisa desses ingredientes, e suas calorias e gorduras foram reduzidas em mais da metade.

	Clássica	*Light*
Valor energético	192 kcal	83 kcal
Gorduras totais	12,9 g	3,1 g
Gorduras saturadas	7,7 g	1,6 g
Sal	0,8 g	0,6 g

Por porção: 83 kcal
Proteínas: 5,5 g; carboidratos: 8,3 g; gorduras totais: 3,1 g; gorduras saturadas: 1,6 g; fibras: 3,1 g; açúcar: 4,8 g; sal: 0,6 g

Rendimento: 4 porções
Preparo: 15 minutos
Cozimento: 15 minutos

1 colher (sopa) de amido de milho

250 ml de leite semidesnatado

2 dentes de alho bem picados

1 echalota grande ou 2 pequenas bem picadinhas

400 g de folhas de espinafre

1 boa pitada de noz-moscada ralada, mais extra para decorar

2 colheres (sopa) de *crème fraîche* com 50% de gordura (veja página 29)

sal e pimenta-do-reino preta moída na hora

1 Em uma vasilha pequena, misture o amido de milho com 1 colher (sopa) de leite; reserve. Coloque o restante do leite em uma caçarola média. Acrescente o alho e a echalota picados. Assim que levantar fervura, diminua o fogo e cozinhe em fogo bem baixo por 6 a 8 minutos, até amolecer. Desligue o fogo e deixe em infusão.

2 Enquanto isso, coloque o espinafre em um refratário grande e cubra com água quase fervente da chaleira. Deixe por 30 a 45 segundos, até murchar, revirando-o na água conforme afunda. Escorra o espinafre em um escorredor de macarrão. Deixe por 1 ou 2 minutos para terminar de murchar, mexendo algumas vezes, e, em seguida, quando esfriar o suficiente para o manuseio (se não estiver frio, esfrie rapidamente em água corrente e escorra), aperte o espinafre com as costas de uma colher ou com as mãos para retirar todo o excesso de água. Pique em seguida.

3 Mexa de novo a mistura de amido de milho e adicione ao leite em infusão. Leve a panela ao fogo e deixe levantar fervura, mexendo até a mistura engrossar e alisar. Retire do fogo, tempere com pimenta, uma pitadinha de sal e noz-moscada. Acrescente o *crème fraîche* e mexa.

4 Acrescente o espinafre ao molho e aqueça rapidamente em fogo baixo. Se aquecer demais, o espinafre perderá sua cor vibrante. Sirva decorado com uma pitada a mais de noz-moscada.

Reduza a gordura preparando um molho com menos manteiga, usando amido de milho e uma infusão de leite com echalotas e alho para enriquecer o sabor.

ACOMPANHAMENTOS, LANCHES E PETISCOS

Batata gratinada

A gordura excessiva da batata gratinada está diretamente ligada à manteiga, ao leite e ao creme de leite. O que dificulta a adaptação deste prato é que, para se criar um molho cremoso, as batatas são cozidas e marinadas nesses ingredientes. No entanto, esta versão mais *light* que inventei ficou igualmente especial, mas mais saudável.

	Clássica	*Light*
Valor energético	424 kcal	232 kcal
Gorduras totais	32,3 g	12 g
Gorduras saturadas	18,4 g	7 g
Sal	0,82 g	0,25 g

Por porção: 232 kcal

Proteínas: 6 g; carboidratos: 27 g; gorduras totais: 12 g; gorduras saturadas: 7 g; fibras: 2 g; açúcar: 3 g; sal: 0,25 g

Rendimento: 6 porções

Preparo: 30 minutos, mais o tempo de infusão
Cozimento: cerca de 1h30

---

1 colher (chá) de azeite de oliva

150 ml de leite semidesnatado

1 dente de alho grande sem casca e cortado ao meio

4 ramos de tomilho, mais raminhos extras para decorar

1 folha de louro

1 echalota picada grosseiramente

1 boa pitada de noz-moscada moída na hora

1 kg de batatas de polpa úmida, como a variedade Desirée

---

140 g de crème fraîche integral (veja página 29)*

75 ml de caldo de legumes

1 colher (chá) de folhas de tomilho

25 g de queijo gruyère, ou uma alternativa vegana, ralado

sal e pimenta-do-reino preta moída na hora

---

1 Preaqueça o forno a 160 °C. Pincele o azeite na base e nas laterais de um refratário (25 x 18 x 5 cm). Coloque o leite, o alho, os 4 ramos de tomilho, a folha de louro e a echalota em uma caçarola. Deixe levantar fervura. Retire do fogo e acrescente a noz-moscada e um pouquinho de pimenta. Deixe em infusão enquanto prepara as batatas.

2 Descasque as batatas e corte em fatias bem finas. Seque-as de leve. Disponha metade das fatias no refratário, ligeiramente sobrepostas, e tempere com pimenta e um pouquinho de sal.

3 Peneire o leite da infusão em uma jarra. Coloque o crème fraîche em uma vasilha e despeje o leite aos poucos, batendo até obter uma mistura lisa. Adicione o caldo de legumes e as folhas de tomilho. Retorne este líquido à jarra e despeje metade dele sobre as batatas no refratário.

4 Disponha o resto das batatas no refratário, acrescente o líquido restante e o queijo e moa um pouco de pimenta-do-reino por cima. Coloque o refratário em uma assadeira rasa e asse por 1h15 a 1h30, até dourar e amaciar as batatas – para saber se estão cozidas, espete-as com uma faca afiada. Deixe descansar por 5 minutos antes de servir e decore com os raminhos de tomilho.

Diminua a gordura eliminando o creme de leite e a manteiga. Use no lugar o crème fraîche misturado com caldo de legumes e leite desnatado.

* Neste caso, pode-se usar iogurte natural integral. (N. T.)

Molho pesto

Há muitas versões deste molho italiano aromático e saboroso, mas a maioria leva muito azeite, nozes ricas em gordura e queijo parmesão. Contudo, sem esses ingredientes, não teríamos um pesto clássico. Ao introduzir mais ingredientes com baixos teores de gordura para complementar e engrossar os tradicionais, a gordura saturada foi incrivelmente reduzida e o sabor ficou igual ao do verdadeiro pesto.

	Clássica	*Light*
Valor energético	91 kcal	56 kcal
Gorduras totais	9,1 g	5,6 g
Gorduras saturadas	1,7 g	0,8 g
Sal	0,1 g	0,1 g

Por colher de sopa: 56 kcal
Proteínas: 1,2 g; carboidratos: 0,3 g; gorduras totais: 5,6 g; gorduras saturadas: 0,8 g; fibras: 0,3 g; açúcar: 0,2 g; sal: 0,1 g

Rendimento: 300 ml
Preparo: 10 minutos
Cozimento: 5 minutos

25 g de pinolis

85 g de talos de brócolis comum

25 g de manjericão

25 g de queijo parmesão cortado em cubinhos

2 dentes de alho picados grosseiramente

3 colheres (sopa) de azeite de oliva

2 colheres (sopa) de óleo de canola, mais 1 colher (chá)

sal e pimenta-do-reino preta moída na hora

1 Em uma panela pequena de fundo triplo, toste os pinolis em fogo moderado até dourar, mexendo sem parar para que dourem por igual. Reserve.

2 Pique bem os talos de brócolis e coloque em uma panela pequena com água fervente para branquear. Deixe levantar fervura de novo e cozinhe por 2 minutos para que os brócolis fiquem al dente e conservem sua cor. Escorra imediatamente em uma peneira e coloque sob água fria corrente para brecar o cozimento e manter o legume fresco. Escorra bem a água.

3 Tire as folhas da haste do manjericão e coloque-as no processador de alimentos com os pinolis, o queijo parmesão e o alho. Processe brevemente para misturar e picar um pouco. Acrescente os brócolis e, com o aparelho ligado, adicione o azeite de oliva e as 2 colheres (sopa) do óleo de canola. Não processe demais, para que a mistura tenha certa textura. Tempere com um pouquinho de pimenta e uma pitada de sal.

4 Transfira o molho para uma vasilha e regue com 1 colher (chá) de óleo de canola para proteger a superfície. Este molho pode ser armazenado na geladeira por 3 a 4 dias ou congelado também.

Toste os pinolis para intensificar o sabor. Use-os em menor quantidade para diminuir ainda mais a gordura, e conte com os talos de brócolis para recuperar o volume perdido.

Compota de cebola roxa

Como toda conserva, esta compota possui altos teores de açúcar. Como as cebolas são refogadas para que caramelizem, o teor de gordura pode ser alto também. Para diminuir pela metade os níveis de açúcar, encontrei outras maneiras de adoçar esta compota, e para reduzir a gordura, mudei completamente o modo de preparo. Ainda assim, o sabor continua maravilhoso e a textura, irresistivelmente melada.

	Clássica	*Light*
Valor energético	27 kcal	14 kcal
Gorduras totais	1,2 g	0,4 g
Gorduras saturadas	0,3 g	0 g
Açúcar	3,2 g	1,8 g
Sal	0,1 g	0 g

Por colher de sopa: 14 kcal
Proteínas: 0,3 g; carboidratos: 2,2 g; gorduras totais: 0,4 g; gorduras saturadas: 0 g; fibras: 0,4 g; açúcar: 1,8 g; sal: 0 g

Rendimento: 550 ml
Preparo: 25 minutos
Cozimento: cerca de 1 hora

950 g de cebolas roxas sem casca
3 dentes de alho picados
1½ colher (chá) de sementes de mostarda
2 ramos de tomilho
¼ de colher (chá) de sal
1½ colher (sopa) de óleo de canola
25 g de açúcar mascavo claro
2 colheres (chá) de *black treacle* (veja página 133)
50 ml de vinho branco seco
2 colheres (sopa) de vinagre de vinho tinto
1 colher (sopa) de vinagre balsâmico
pimenta-do-reino preta moída na hora

1. Preaqueça o forno a 190 °C. Corte as cebolas ao meio na horizontal e, em seguida, pique-as em fatias bem finas com a face cortada para baixo. Coloque as cebolas, o alho, as sementes de mostarda e os ramos de tomilho em uma assadeira grande. Polvilhe com o sal e uma boa quantidade de pimenta. Regue com o óleo e misture bem com as mãos. Espalhe as cebolas em uma única camada e asse por cerca de 40 minutos, mexendo duas vezes, até estarem bem reduzidas e macias. Aumente a temperatura do forno para 200 °C e asse por mais 15 a 20 minutos, até as cebolas começarem a grudar e a caramelizar no fundo da assadeira.

2. Retire do forno, descarte os ramos de tomilho e acrescente o açúcar, o *black treacle*, o vinho e os vinagres; mexa. Transfira a mistura de cebolas e todo o suco da cocção para uma caçarola média. Enxague a assadeira com 75 ml de água e acrescente esse suco às cebolas na caçarola. Deixe a mistura levantar fervura devagar e cozinhe por cerca de 5 minutos ou até os sucos ficarem um pouco melados.

3. Com uma colher, coloque a compota de cebola em potes de vidro pequenos, esterilizados e com tampa. Ela pode ser armazenada por pelo menos um mês em local fresco e seco.

Por serem naturalmente doces, escolha as cebolas roxas, assim menos açúcar será adicionado e as calorias ficarão mais baixas.

ACOMPANHAMENTOS, LANCHES E PETISCOS

Ovos escoceses

Nesta versão mais *light* dos ovos escoceses, parte da carne de porco moída foi substituída pela lentilha, e os ovos foram fritos em pouco óleo, antes de irem ao forno. Os ovos escoceses são mais gostosos quando consumidos no mesmo dia em que foram preparados.

	Clássica	Light
Valor energético	529 kcal	223 kcal
Gorduras totais	42,6 g	11,7 g
Gorduras saturadas	9,3 g	2,6 g
Sal	2 g	0,5 g

Por ovo escocês: 223 kcal

Proteínas: 21 g; carboidratos: 8,3 g; gorduras totais: 11,7 g; gorduras saturadas: 2,6 g; fibras: 1,4 g; açúcar: 0,3 g; sal: 0,5 g

Rendimento: 4 ovos escoceses

Preparo: 40 minutos, mais o tempo para esfriar e gelar
Cozimento: 25 minutos

5 colheres (chá) de óleo de canola
1 echalota bem picada
5 ovos médios
85 g de lentilhas verdes (peso seco de uma lata de 400 g)
225 g de carne de porco moída com menos de 5% de gordura
2 colheres (chá) de sálvia bem picada
3 colheres (chá) de cebolinha-francesa bem cortada na tesoura
½ colher (chá) de mostarda inglesa em pó
1 boa pitada de noz-moscada ralada
1 colher (sopa) de farinha de trigo comum
25 g de farinha de rosca oriental (panko)
sal e pimenta-do-reino preta moída na hora

1 Aqueça 1 colher (chá) de óleo em uma frigideira pequena e antiaderente. Refogue a echalota por alguns minutos até amolecer. Transfira para um prato e reserve até esfriar. (Não precisa lavar a frigideira, pois irá usá-la depois.)

2 Enquanto isso, coloque 4 ovos em uma caçarola média e cubra bem com água gelada. Deixe levantar fervura – quando a água começar a borbulhar, marque 5 minutos no timer. Quando os ovos estiverem cozidos, escorra a água fervente e esfrie-os sob água corrente fria para brecar o cozimento.

3 Em uma vasilha média, amasse bem as lentilhas com as costas de um garfo, acrescente a carne de porco, a sálvia, 2 colheres (chá) de cebolinha, a mostarda em pó, a noz-moscada, a echalota fria, uma pitada de sal e uma boa quantidade de pimenta-do-reino preta. Descasque os ovos e seque-os delicadamente no papel-toalha.

4 Divida a mistura em quatro partes iguais. Coloque a farinha de trigo em um prato e passe os ovos para empanar, tirando todo o excesso. Modele um quarto da mistura de carne sobre a superfície de trabalho, formando um disco de 12 a 13 cm de diâmetro, e use o resto da farinha para untar, evitando que a carne grude. Pegue o disco nas mãos e coloque um dos ovos no centro. Com as duas mãos, envolva a carne no ovo até cobri-lo completamente de modo uniforme. Sele bem para que não sobre nenhuma prega e, em seguida, dê um bom acabamento circular, rolando o ovo delicadamente na superfície enfarinhada. Repita a mesma operação com o resto da mistura de carne e os ovos cozidos.

5 Em um prato grande, misture a farinha panko com as cebolinhas restantes. Bata o ovo que sobrou em um prato, pincele um pouco sobre os ovos cobertos (não use tudo) e, então, passe os ovos na farinha panko, dando tapinhas de leve para grudá-la bem. Coloque os ovos em uma assadeira rasa forrada com papel-manteiga e leve para gelar por 20 a 25 minutos (não durante a noite toda). Preaqueça o forno a 190 °C.

6 Na mesma panela da echalota, aqueça 2 colheres (chá) do óleo restante. Quando bem quente (estará quente o bastante quando jogar um pouquinho de farinha panko dentro do óleo e ela chiar e dourar imediatamente), coloque dois dos ovos escoceses no óleo e vire-os para cobrir bem. Marque 2 minutos no timer e frite-os, virando sempre, para dourar por igual. Neste ponto, você estará apenas dourando os ovos, e não cozinhando-os completamente; portanto, não frite demais senão a casca pode rachar. Transfira para a assadeira com papel-manteiga e repita a mesma operação com os ovos e o óleo que restaram, abaixando um pouco o fogo caso a panela esteja quente demais.

7 Asse os ovos escoceses por 12 minutos. Retire do forno, transfira-os para um papel-toalha para escorrer e deixe esfriar um pouco.

Use carne de porco moída magra e ovos médios, em vez de grandes, para reduzir a gordura, e troque parte da carne por lentilhas.

•

Frite os ovos em pouco óleo e asse-os, em vez de fritá-los em imersão, para diminuir ainda mais a gordura.

ACOMPANHAMENTOS, LANCHES E PETISCOS

Purê de batata cremoso

Mesmo com bem menos manteiga e sem leite integral, esta receita consegue produzir um purê macio e cremoso – o acompanhamento perfeito para um frango assado ou grelhado e para muitos outros pratos preferidos das famílias.

	Clássica	*Light*
Valor energético	408 kcal	225 kcal
Gorduras totais	24,7 g	4,1 g
Gorduras saturadas	15,2 g	2,4 g
Sal	0,3 g	0,1 g

Por porção: 225 kcal
Proteínas: 6,3 g; carboidratos: 40,5 g; gorduras totais: 4,1 g; gorduras saturadas: 2,4 g; fibras: 3,3 g; açúcar: 2,3 g; sal: 0,1 g

Rendimento: 6 porções
Preparo: 10 minutos
Cozimento: 15 minutos

1,5 kg de batatas de polpa farinhenta, como a batata-inglesa, cortadas em pedaços grandes e uniformes

125 ml de leite semidesnatado

15 g de manteiga

4 colheres (sopa) de crème fraîche com 50% de gordura (veja página 29)

sal e pimenta-do-reino preta moída na hora

1 Leve para ferver uma caçarola grande com água. Acrescente as batatas e cozinhe por cerca de 15 minutos ou até ficarem macias. Escorra bem em um escorredor de macarrão, retorne as batatas para a panela e coloque em fogo bem baixo por 2 minutos para secarem completamente.

2 Aqueça o leite e a manteiga em uma panela pequena, e, em seguida, despeje esse líquido sobre as batatas. Retire a panela do fogo e amasse as batatas na batedeira comum ou com um amassador de batatas. Acrescente o crème fraîche e bata com uma colher de madeira até obter uma mistura macia e cremosa. Tempere com pimenta-do-reino e uma pitada de sal.

Reduza as gorduras e as calorias substituindo a manteiga pelo leite desnatado e o crème fraîche magro.

DICAS PARA DEIXAR AS RECEITAS MAIS LEVES

Dicas para deixar as receitas mais leves

Ao escolher e preparar as receitas deste livro, você perceberá que todas elas empregam ao menos uma maneira de reduzir substancialmente os teores de gordura, sal ou açúcar do prato. Na maioria dos casos, os métodos são bem simples e sem complicação alguma, e, mesmo assim, é drástica a redução de calorias dos meus pratos mais leves em relação às versões clássicas. Assim que for adquirindo confiança, você será capaz de, sozinho, utilizar os mesmos truques para adaptar receitas clássicas. Aqui estão alguns dos melhores:

DEZ MANEIRAS COM... Carne e peixe

- Escolha cortes magros.
- Corte fora o excesso de gordura e a pele do peixe e do frango.
- Para as receitas que pedem bacon, substitua-o por grossas fatias de presunto sem o excesso de gordura.
- Ao usar o salmão escalfado no lugar do defumado em uma receita, é possível reduzir substancialmente o consumo de sal.
- Para intensificar o sabor da carne de frango, porco, carneiro ou peixe, antes de cozinhar, deixe-a marinando em uma mistura de iogurte e especiarias ou de óleo e ervas.
- Antes de preparar a carne, esfregue-a com uma mistura de especiarias secas. Assim não precisará acrescentar sal.
- Misture legumes à carne moída, como cenoura crua ralada ou lentilhas verdes, para dar volume e reduzir a quantidade de carne a ser usada.
- Sempre use uma frigideira antiaderente para fritar a carne e o peixe. Assim precisará de menos óleo.
- Ou, melhor ainda, se puder grelhar a carne ou o peixe, em vez de fritá-los em pouca gordura, usará menos óleo ainda.
- Em vez de servir hambúrgueres, peixe ou frango com molhos pré-prontos, prepare o seu molho com frutas ou verduras frescas.

... Frutas, legumes e nozes

- Não perca tempo salgando as berinjelas. Não é mais preciso, pois agora há no mercado novas variedades menos amargas.
- Aumente seu consumo de fibras deixando, sempre que possível, as maçãs e batatas com casca.
- Sempre use frutas macias da época. Elas estarão mais saborosas e doces e, portanto, você poderá usar menos açúcar.
- Deixe a receita mais saborosa substituindo a batata comum pela batata-doce ou pelo aipo-rábano, ou use meio a meio.
- Reduza os carboidratos servindo porções menores de massa ou de arroz, mas incremente com ervilhas, cenouras, pimentões e abobrinhas.
- Elimine completamente o sal substituindo-o por cogumelos porcini, ervas frescas, mostarda, alho, molho Tabasco, pimentas secas moídas, limão-siciliano e limão-taiti. Quase todas as receitas salgadas levam um destes maravilhosos intensificadores de sabor.
- Cubra a superfície de assados de queijo ou massa com tomates-cerejas cortados ao meio.
- Sempre que possível, cozinhe os legumes no vapor para minimizar a perda de nutrientes.
- Para usar o mínimo de gordura, asse os legumes em vez de fritá-los.
- Torre a seco as nozes cruas e especiarias inteiras – isso intensifica o sabor.

CINCO MANEIRAS COM... Derivados do leite e ovos

- Ao escolher queijos intensos, de sabor forte, como o parmesão ou o cheddar curado, verá que precisará de menores quantidades deles.
- Para molhos salgados, prepare uma infusão de leite com ervas, alho e echalotas, eliminando também o sal.
- Para uma cobertura cremosa, substitua cremes de leite com altos teores de gordura por *crème fraîche* magro misturado a iogurte natural.
- Quando possível, use ovos de tamanho médio em vez de grande.
- No lugar de usar o creme de leite como base para um molho de macarrão, reserve parte da água de cozimento da massa.

... Confeitaria e sobremesas

- Ao preparar uma massa de torta ou bolo, substitua parte da manteiga pelo iogurte natural e pelo óleo de canola.
- Forre as assadeiras com papel-manteiga em vez de untá-las com óleo ou manteiga.
- Ao preparar mousses, substitua uma gema de ovo pela clara de ovo em neve para reduzir a gordura e aumentar o volume.
- Use açúcar não refinado. Para um toque de caramelo, misture o açúcar mascavo claro ou escuro ao açúcar amarelo.
- Escolha chocolate amargo (70% de cacau) de boa qualidade pela intensidade do sabor. Um pouquinho de cacau em pó pode substituir parte do chocolate, mas evite adicionar demais para não "amarrar" a boca.

Os melhores substitutos

Óleo de canola no lugar de outros óleos
Contém menores teores de gordura saturada (menos da metade do que o azeite de oliva).

Lentilhas verdes ou marrons no lugar de carne moída
Reduzem drasticamente a gordura saturada quando usadas meio a meio com a carne moída. Aumentam também as fibras.

Massa filo no lugar de coberturas de massa tradicionais
Tem menos calorias, gorduras e carboidratos.

Farinha de trigo integral no lugar da comum
Aumenta as fibras e é mais rica em alguns nutrientes, como as vitaminas do complexo B. Uma boa medida é misturar metade da farinha integral com metade da farinha branca (usar só a farinha integral pode deixar a mistura pesada).

Agrião e rúcula no lugar de alface
Folhas mais escuras tendem a conter mais nutrientes, como o betacaroteno.

Contagem regressiva das calorias

Quando você vai às compras, com que frequência olha o rótulo de um determinado produto para verificar as calorias? Contar calorias se tornou um modo de vida para muitas pessoas, o que indica que nos importamos com a quantidade que consumimos e que, sempre que possível, queremos mantê-la dentro dos limites especificados pelo Valor Diário de Referência (veja página 10).

Na contagem regressiva a seguir, estão representadas todas as receitas deste livro, as quais apresentam menos de 700 calorias por porção, da mais alta à mais baixa. Independentemente de você estar buscando um almoço leve, uma sobremesa espetacular ou um jantar para compartilhar com a família, esta lista o ajudará a fazer uma escolha consciente das calorias em um piscar de olhos.

Receitas com menos de 700 calorias

649 kcal: Peixe com fritas e purê de ervilha, p. 46

618 kcal: Café da manhã inglês completo, p. 190

609 kcal: Paella, p. 119

Receitas com menos de 600 calorias

527 kcal: Espaguete à carbonara, p. 94

517 kcal: Risoto com abóbora-menina e sálvia, p. 40

515 kcal: Frango tikka masala, p. 80

511 kcal: Pastéis assados com recheio de carne, p. 198

503 kcal: Macarrão com queijo, p. 64

Receitas com menos de 500 calorias

498 kcal: Pizza margherita, p. 72

487 kcal: Frango ao curry verde tailandês, p. 86

485 kcal: Biryani de frango, p. 116

475 kcal: Risoto primavera, p. 104

451 kcal: Salada niçoise, p. 28

447 kcal: Lasanha, p. 54

430 kcal: Salada Caesar com frango, p. 24

429 kcal: Torta de cordeiro com batata, p. 70

420 kcal: Coq au vin, p. 98

413 kcal: Torta de peixe, p. 112

405 kcal: Sopa de cebola francesa, p. 16

405 kcal: Nasi goreng, p. 96

405 kcal: Hambúrgueres com molho de pimentão assado, p. 74

402 kcal: Korma de frango, p. 52

402 kcal: Frango da coroação, p. 32

Receitas com menos de 400 calorias

398 kcal: Chowder de peixe, p. 36

373 kcal: Torta de carne inglesa, p. 58

359 kcal: Pudim de pão de ló, p. 133

353 kcal: Crumble de maçã e amora, p. 148

350 kcal: Bife Wellington, p. 108

339 kcal: Tagine de cordeiro, p. 101

336 kcal: Bolo de café com nozes, p. 164

331 kcal: Salmão en croûte, p. 90

325 kcal: Moussaka (lasanha de berinjela), p. 42

320 kcal: Torta de frango, p. 66

319 kcal: Frango crocante, p. 60

318 kcal: Pudim de pão de ló com frutas e creme, p. 130

315 kcal: Cheesecake à moda de Nova York, p. 122

312 kcal: Pudim de pão e manteiga, p. 150

309 kcal: Torta de cebola, p. 78

Receitas com menos de 300 calorias

298 kcal: Laksa de camarão, p. 22

295 kcal: Omelete espanhol, p. 193

280 kcal: Torta de amêndoas, p. 182

272 kcal: Quiche Lorraine, p. 50

271 kcal: Rocambole de chocolate, p. 184

270 kcal: Panna cotta de café, p. 125

269 kcal: Salmão teriyaki, p. 102

263 kcal: Victoria sandwich (bolo de pão de ló com recheio de geleia), p. 178

262 kcal: Frango à cacciatore, p. 83

260 kcal: Torta de maçã, p. 143

257 kcal: Crème brûlée, p. 154

255 kcal: Cozido de peixe à moda mediterrânea, p. 103

254 kcal: Salada grega, p. 35

247 kcal: Torta de *black treacle*, p. 167

243 kcal: Torta de chocolate, p. 126

243 kcal: Bolo com calda de limão-siciliano, p. 168

239 kcal: Bolinhos de peixe, p. 49

236 kcal: Granola crocante, p. 192

234 kcal: Cupcakes de chocolate, p. 173

232 kcal: Batata gratinada, p. 206

230 kcal: Refogado de carne de porco, p. 57

225 kcal: Purê de batata cremoso, p. 213

223 kcal: Ovos escoceses, p. 210

220 kcal: Tiramisu, p. 134

217 kcal: Frango balti, p. 89

217 kcal: Bolo de cenoura, p. 160

215 kcal: Salada de batata, p. 30

213 kcal: Sopa cremosa de abóbora-menina, p. 27

213 kcal: Berinjela à parmegiana, p. 111

206 kcal: Muffins de mirtilo, p. 174

Receitas com menos de 200 calorias

196 kcal: Milk-shake de morango, p. 152

194 kcal: Pão de banana, p. 171

191 kcal: Brownie de chocolate, p. 162

186 kcal: Coquetel de camarão, p. 14

186 kcal: Torta de limão-siciliano, p. 138

180 kcal: Pavlova de framboesa e maracujá, p. 153

175 kcal: Suflês de queijo assados duas vezes, p. 18

169 kcal: Sobremesa inglesa com morangos, p. 129

167 kcal: Mousse de chocolate, p. 146

162 kcal: Semifreddo com frutas, p. 149

161 kcal: Ratatouille, p. 204

160 kcal: Pão de alho, p. 201

157 kcal: Patê de salmão, p. 21

157 kcal: Barrinhas de cereal, p. 180

148 kcal: Sorvete de baunilha, p. 144

145 kcal: Homus, p. 195

141 kcal: Sopa de alho-poró e batata, p. 29

141 kcal: Legumes assados, p. 194

130 kcal: Bolo de gengibre, p. 170

123 kcal: Salada crocante de repolho, p. 63

116 kcal: Cookies de aveia com uva-passa, p. 181

106 kcal: Cookies de pasta de amendoim, p. 172

99 kcal: Rolinhos de linguiça, p. 196

97 kcal: Cookies com gotas de chocolate, p. 176

83 kcal: Creme de espinafre com alho, p. 205

56 kcal: Braseado de alho-poró e ervilhas, p. 202

56 kcal: Molho pesto, p. 208

14 kcal: Compota de cebola roxa, p. 209

Índice remissivo

abacate
  Coquetel de camarão, 14
  Patê de salmão, 21
abóbora
  Risoto com abóbora-menina e sálvia, 40
  Sopa cremosa de abóbora-menina, 27
abobrinha
  Legumes assados, 194
  Ratatouille, 204
alcachofra
  Salada niçoise, 28
alface
  Salada Caesar com frango, 24
alho
  Creme de espinafre com alho, 205
  Pão de alho, 201
alho-poró
  Braseado de alho-poró e ervilhas, 202
  Chowder de peixe, 36
  Sopa de alho-poró e batata, 29
  Torta de frango, 66
  Torta de peixe, 112
amêndoa
  Bolo com calda de limão-siciliano, 168
  Bolo de café com nozes, 164
  Cupcakes de chocolate, 173
  Granola crocante, 192
  Korma de frango, 52
  Pão de banana, 171
  Torta de amêndoas, 182
amora
  Crumble de maçã e amora, 148
  Pudim de pão de ló com frutas e creme, 130
  Semifreddo com frutas, 149
arroz
  Biryani de frango, 116
  Frango ao curry verde tailandês, 86
  Frango balti, 89
  Frango tikka masala, 80
  Korma de frango, 52
  Nasi goreng, 96
  Paella, 119
  Risoto com abóbora-menina e sálvia, 40
  Risoto primavera, 104
aspargo
  Laksa de camarão, 22
  Refogado de carne de porco, 57
  Risoto primavera, 104
atum
  Salada niçoise, 28
aveia em flocos
  Barrinhas de cereal, 180
  Cookies de aveia com uva-passa, 181
  Crumble de maçã e amora, 148
  Granola crocante, 192
avelã
  Barrinhas de cereal, 180
  Crumble de maçã e amora, 148
  Granola crocante, 192
azeitona
  Salada grega, 35
  Salada niçoise, 28

bacalhau fresco
  Cozido de peixe à moda mediterrânea, 103
  Peixe com fritas e purê de ervilha, 46
bacon
  Espaguete à carbonara, 94
banana
  Muffins de mirtilo, 174
  Pão de banana, 171
Barrinhas de cereal, 180

batata
  Batata gratinada, 206
  Bolinhos de peixe, 49
  Chowder de peixe, 36
  Legumes assados, 194
  Omelete espanhol, 193
  Pastéis assados com recheio de carne, 198
  Peixe com fritas e purê de ervilha, 46
  Purê de batata cremoso, 213
  Salada de batata, 30
  Sopa de alho-poró e batata, 29
  Torta de cordeiro com batata, 70
  Torta de peixe, 112
batata-doce
  Torta de cordeiro com batata, 70
berinjela
  Berinjela à parmegiana, 111
  Moussaka (lasanha de berinjela), 42
  Ratatouille, 204
biscoito digestivo
  Cheesecake à moda de Nova York, 122
black treacle
  Compota de cebola roxa, 209
  Granola crocante, 192
  Pudim com calda de caramelo toffee, 156
  Pudim de pão de ló, 133
  Torta de black treacle, 167
bolacha champanhe
  Tiramisu, 134
Bolo de gengibre, 170
brócolis
  Molho pesto, 208
  Refogado de carne de porco, 57
broto de feijão
  Laksa de camarão, 22
Brownie de chocolate, 162

cação
  Chowder de peixe, 36
café
  Bolo de café com nozes, 164
  Brownie de chocolate, 162
  Cookies com gotas de chocolate, 176
  Mousse de chocolate, 146
  Panna cotta de café, 125
  Rocambole de chocolate, 184
  Tiramisu, 134
  Torta de chocolate, 126
Café da manhã inglês completo, 190
camarão
  Coquetel de camarão, 14
  Cozido de peixe à moda mediterrânea, 103
  Laksa de camarão, 22
  Nasi goreng, 96
  Paella, 119
  Torta de peixe, 112
carne bovina
  Bife Wellington, 108
  Hambúrgueres com molho de pimentão assado, 74
  Lasanha, 54
  Moussaka (lasanha de berinjela), 42
  Pastéis assados com recheio de carne, 198
  Torta de carne inglesa, 58
carne de porco
  Café da manhã inglês completo, 190
  Lasanha, 54
  Ovos escoceses, 210
  Refogado de carne de porco, 57
  Rolinhos de linguiça, 196
cassis
  Sobremesa inglesa com morangos, 129

cebola
  Compota de cebola roxa, 209
  Sopa de cebola francesa, 16
  Torta de cebola, 78
cenoura
  Bolo de cenoura, 160
  Cozido de peixe à moda mediterrânea, 103
  Frango da coroação, 32
  Hambúrgueres com molho de pimentão assado, 74
  Lasanha, 54
  Moussaka (lasanha de berinjela), 42
  Salada crocante de repolho, 63
  Torta de carne inglesa, 58
  Torta de cordeiro com batata, 70
  Torta de frango, 66
Cheesecake à moda de Nova York, 122
chocolate
  Brownie de chocolate, 162
  Cookies com gotas de chocolate, 176
  Cupcakes de chocolate, 173
  Mousse de chocolate, 146
  Rocambole de chocolate, 184
  Torta de chocolate, 126
cogumelo
  Bife Wellington, 108
  Coq au vin, 98
  Frango à cacciatore, 83
  Risoto com abóbora-menina e sálvia, 40
  Salmão en croûte, 90
  Torta de carne inglesa, 58
Compota de cebola roxa, 209
confeitaria
  Bolo com calda de limão-siciliano, 168
  Bolo de café com nozes, 164
  Bolo de cenoura, 160
  Bolo de gengibre, 170
  Cupcakes de chocolate, 173
  Muffins de mirtilo, 174
  Pão de banana, 171
  Rocambole de chocolate, 184
  Victoria sandwich (bolo de pão de ló com recheio de geleia), 178
cookies
  Cookies com gotas de chocolate, 176
  Cookies de aveia com uva-passa, 181
  Cookies de pasta de amendoim, 172
Coq au vin, 98
cordeiro
  Tagine de cordeiro, 101
  Torta de carne inglesa, 58
  Torta de cordeiro com batata, 70
couve-flor
  Sopa de alho-poró e batata, 29
cozidos
  Cozido de peixe à moda mediterrânea, 103
  Frango à cacciatore, 83
  Salmão teriyaki, 102
cranberry
  Granola crocante, 192
creme
  Pudim de pão de ló com frutas e creme, 130
Crème brûlée, 154
creme de leite
  Crème brûlée, 154
  Panna cotta de café, 125
  Pavlova de framboesa e maracujá, 153
  Sobremesa inglesa com morangos, 129
crème fraîche
  Batata gratinada, 206
  Crème brûlée, 154
  Creme de espinafre com alho, 205
  Pavlova de framboesa e maracujá, 153

ÍNDICE REMISSIVO 221

Pudim com calda de caramelo toffee, 156
Pudim de pão de ló com frutas e creme, 130
Pudim de pão e manteiga, 150
Purê de batata cremoso, 213
Quiche Lorraine, 50
Salada crocante de repolho, 63
Salada de batata, 30
Semifreddo com frutas, 149
Sobremesa inglesa com morangos, 129
Sorvete de baunilha, 144
Tiramisu, 134
Torta de *black treacle*, 167
Torta de cebola, 78
Torta de chocolate, 126
Torta de cordeiro com batata, 70
Torta de frango, 66
Torta de limão-siciliano, 138
Trifle de mirtilo, 140
Crumble de maçã e amora, 148
Cupcakes de chocolate, 173

damasco
Frango da coroação, 32
Pudim de pão e manteiga, 150
Tagine de cordeiro, 101

echalota
Coq au vin, 98
Legumes assados, 194
Risoto primavera, 104
Salmão en croûte, 90
entradas
Coquetel de camarão, 14
Laksa de camarão, 22
Patê de salmão, 21
Suflês de queijo assados duas vezes, 18
erva-doce
Cozido de peixe à moda mediterrânea, 103
ervilha
Braseado de alho-poró e ervilhas, 202
Espaguete à carbonara, 94
Frango tikka masala, 80
Nasi goreng, 96
Paella, 119
Peixe com fritas e purê de ervilha, 46
Risoto primavera, 104
ervilha-torta
Frango ao curry verde tailandês, 86
Laksa de camarão, 22
Espaguete à carbonara, 94
espinafre
Bife Wellington, 108
Creme de espinafre com alho, 205
Frango balti, 89
Lasanha, 54
Omelete espanhol, 193

feijão-fava
Risoto primavera, 104
Salada niçoise, 28
framboesa
Mousse de chocolate, 146
Pavlova de framboesa e maracujá, 153
Pudim de pão de ló com frutas e creme, 130
Semifreddo com frutas, 149
Sorvete de baunilha, 144
Tiramisu, 134
Torta de amêndoas, 182
frango
Biryani de frango, 116
Coq au vin, 98
Frango à cacciatore, 83
Frango ao curry verde tailandês, 86
Frango balti, 89
Frango crocante, 60
Frango da coroação, 32
Frango tikka masala, 80
Korma de frango, 52
Nasi goreng, 96

Paella, 119
Salada Caesar com frango, 24
Torta de frango, 66
Frango ao curry verde tailandês, 86
fromage frais
Cheesecake à moda de Nova York, 122
Coquetel de camarão, 14
Frango da coroação, 32
fubá
Bolo com calda de limão-siciliano, 168
Suflês de queijo assados duas vezes, 18
Torta de amêndoas, 182

geleia de framboesa
Torta de amêndoas, 182
Victoria sandwich (bolo de pão de ló com recheio de geleia), 178
golden syrup
Barrinhas de cereal, 180
Bolo de gengibre, 170
Cookies de aveia com uva-passa, 181
Pudim de pão de ló, 133
Torta de black treacle, 167
Granola crocante, 192
grão-de-bico
Homus, 195
Tagine de cordeiro, 101
groselha preta
Semifreddo com frutas, 149
groselha vermelha
Semifreddo com frutas, 149

hadoque
Bolinhos de peixe, 49
Chowder de peixe, 36
Cozido de peixe à moda mediterrânea, 103
Peixe com fritas e purê de ervilha, 46
Torta de peixe, 112
hadoque defumado
Torta de peixe, 112
Hambúrgueres com molho de pimentão assado, 74
Homus, 195

iogurte
Biryani de frango, 116
Bolo com calda de limão-siciliano, 168
Bolo de café com nozes, 164
Cupcakes de chocolate, 173
Homus, 195
Korma de frango, 52
Milk-shake de morango, 152
Moussaka (lasanha de berinjela), 42
Mousse de chocolate, 146
Panna cotta de café, 125
Pão de banana, 171
Pavlova de framboesa e maracujá, 153
Pudim com calda de caramelo toffee, 156
Pudim de pão de ló, 133
Quiche Lorraine, 50
Salada Caesar com frango, 24
Salada crocante de repolho, 63
Salada de batata, 30
Semifreddo com frutas, 149
Sobremesa inglesa com morangos, 129
Torta de amêndoas, 182
Torta de carne inglesa, 58
Torta de cebola, 78
Trifle de mirtilo, 140
Victoria sandwich (bolo de pão de ló com recheio de geleia), 178

laranja
Bolo de cenoura, 160
Café da manhã inglês completo, 190
Crumble de maçã e amora, 148
Pudim de pão de ló, 133
Lasanha, 54
Legumes, procure pelo nome de cada um

leite de coco
Frango ao curry verde tailandês, 86
Laksa de camarão, 22
lentilha
Ovos escoceses, 210
Rolinhos de linguiça, 196
Torta de cordeiro com batata, 70
limão-siciliano
Bolo com calda de limão-siciliano, 168
Torta de limão-siciliano, 138
linguiça
Café da manhã inglês completo, 190
lombinho
Coq au vin, 98

Macarrão com queijo, 64
maçã
Barrinhas de cereal, 180
Crumble de maçã e amora, 148
Pudim de pão de ló com frutas e creme, 130
Torta de black treacle, 167
Torta de maçã, 143
manga
Frango da coroação, 32
maracujá
Pavlova de framboesa e maracujá, 153
massa
Espaguete à carbonara, 94
Lasanha, 54
Macarrão com queijo, 64
massa filo
Bife Wellington, 108
Salmão en croûte, 90
Torta de frango, 66
massa folhada
Rolinhos de linguiça, 196
Torta de maçã, 143
massa podre
Torta de amêndoas, 182
Torta de black treacle, 167
mel
Granola crocante, 192
Tagine de cordeiro, 101
merluza
Peixe com fritas e purê de ervilha, 46
Milk-shake de morango, 152
mirtilo
Café da manhã inglês completo, 190
Cheesecake à moda de Nova York, 122
Granola crocante, 192
Muffins de mirtilo, 174
Trifle de mirtilo, 140
molho
Hambúrgueres com molho de pimentão assado, 74
Suflês de queijo assados duas vezes, 18
Molho pesto, 208
morango
Milk-shake de morango, 152
Semifreddo com frutas, 149
Sobremesa inglesa com morangos, 129
Moussaka (lasanha de berinjela), 42
Mousse de chocolate, 146
Muffins de mirtilo, 174

nabo redondo
Pastéis assados com recheio de carne, 198
Nasi goreng, 96
noodles de ovo
Laksa de camarão, 22
nozes
Bolo de café com nozes, 164
Pão de banana, 171
nozes-pecãs
Granola crocante, 192
Pão de banana, 171

ÍNDICE REMISSIVO

óleo de nozes
Bolo de café com nozes, 164
ovos
Café da manhã inglês completo, 190
Espaguete à carbonara, 94
Omelete espanhol, 193
Ovos escoceses, 210
Pavlova de framboesa e maracujá, 153
Quiche Lorraine, 50
Salada niçoise, 28
Ovos escoceses, 210

Paella, 119
pak choi
Laksa de camarão, 22
Refogado de carne de porco, 57
Panna cotta de café, 125
pão
Café da manhã inglês completo, 190
Hambúrgueres com molho de pimentão
assado, 74
Pão de alho, 201
Pudim de pão e manteiga, 150
Salada Caesar com frango, 24
Sopa de cebola francesa, 16
pasta de laksa
Laksa de camarão, 22
Pastéis assados com recheio de carne, 198
peixe
Bolinhos de peixe, 49
Chowder de peixe, 36
Cozido de peixe à moda mediterrânea, 103
Patê de salmão, 21
Peixe com fritas e purê de ervilha, 46
Salmão teriyaki, 102
Torta de peixe, 112
pepino
Coquetel de camarão, 14
Nasi goreng, 96
Salada grega, 35
pimenta
Frango ao curry verde tailandês, 86
pimentão
Frango balti, 89
Hambúrgueres com molho de pimentão
assado, 74
Legumes assados, 194
Omelete espanhol, 193
Paella, 119
Ratatouille, 204
Salada grega, 35
pinoli
Molho pesto, 208
Pizza margherita, 72
presunto
Quiche Lorraine, 50
prosciutto
Chowder de peixe, 36
Frango à cacciatore, 83
Paella, 119
Pudim de pão de ló, 133
pudins
Pudim com calda de caramelo toffee, 156
Pudim de pão de ló, 133
Pudim de pão de ló com frutas e creme, 130
Pudim de pão e manteiga, 150

queijo
Batata gratinada, 206
Berinjela à parmegiana, 111
Bolo de café com nozes, 164
Bolo de cenoura, 160
Cupcakes de chocolate, 173
Espaguete à carbonara, 94
Lasanha, 54
Macarrão com queijo, 64
Molho pesto, 208
Pão de alho, 201

Patê de salmão, 21
Pizza margherita, 72
Quiche Lorraine, 50
Risoto com abóbora-menina e sálvia, 40
Salada Caesar com frango, 24
Salada grega, 35
Sopa de cebola francesa, 16
Tiramisu, 134
Trifle de mirtilo, 140
Torta de cebola, 78
queijo cremoso
Bolo de cenoura, 160
Cheesecake à moda de Nova York, 122
Cupcakes de chocolate, 173
Patê de salmão, 21
Suflês de queijo assados duas vezes, 18
Tiramisu, 134
Torta de peixe, 112
queijo feta
Salada grega, 35
queijo gruyère
Batata gratinada, 206
Quiche Lorraine, 50
Sopa de cebola francesa, 16
Torta de cebola, 78
queijo mascarpone
Bolo de café com nozes, 164
Risoto com abóbora-menina e sálvia, 40
Rocambole de chocolate, 184
Tiramisu, 134
Trifle de mirtilo, 140
queijo muçarela
Berinjela à parmegiana, 111
Lasanha, 54
Pão de alho, 201
Pizza margherita, 72
queijo parmesão
Espaguete à carbonara, 94
Lasanha, 54
Molho pesto, 208
Risoto com abóbora-menina e sálvia, 40
Salada Caesar com frango, 24
Sopa de cebola francesa, 16
Suflês de queijo assados duas vezes, 18
queijo quark
Bolo de café com nozes, 164
Bolo de cenoura, 160
Cupcakes de chocolate, 173
Rocambole de chocolate, 184
queijo ricota
Berinjela à parmegiana, 111
Lasanha, 54
Pizza margherita, 72
Quiche Lorraine, 50

Ratatouille, 204
repolho
Frango crocante, 60
Salada crocante de repolho, 63
risotos
Risoto com abóbora-menina e sálvia, 40
Risoto primavera, 104
Rolinhos de linguiça, 196
rúcula
Bife Wellington, 108
Salada Caesar com frango, 24

saladas
Frango da coroação, 32
Salada Caesar com frango, 24
Salada crocante de repolho, 63
Salada de batata, 30
Salada grega, 35
Salada niçoise, 28
salmão
Chowder de peixe, 36
Patê de salmão, 21
Salmão teriyaki, 102

Torta de peixe, 112
Salmão teriyaki, 102
salsão
Cozido de peixe à moda mediterrânea, 103
sálvia
Risoto com abóbora-menina e sálvia, 40
semente de abóbora
Granola crocante, 192
semente de gergelim
Granola crocante, 192
semente de girassol
Barrinhas de cereal, 180
Granola crocante, 192
Salada crocante de repolho, 63
semente de linhaça
Barrinhas de cereal, 180
Granola crocante, 192
Símbolos e tabelas, 10
sopas
Chowder de peixe, 36
Sopa cremosa de abóbora-menina, 27
Sopa de alho-poró e batata, 29
Sopa de cebola francesa, 16
Sorvete de baunilha
Milk-shake de morango, 152
sorvetes
Milk-shake de morango, 152
Sorvete de baunilha, 144

Tagine de cordeiro, 101
tâmara
Bolo de gengibre, 170
Pudim com calda de caramelo toffee, 156
Tiramisu, 134
tomates
Berinjela à parmegiana, 111
Café da manhã inglês completo, 190
Cozido de peixe à moda mediterrânea, 103
Frango à cacciatore, 83
Hambúrgueres com molho de pimentão
assado, 74
Lasanha, 54
Macarrão com queijo, 64
Moussaka (lasanha de berinjela), 42
Paella, 119
Pizza margherita, 72
Ratatouille, 204
Salada grega, 35
Salada niçoise, 28
Suflês de queijo assados duas vezes, 18
Tagine de cordeiro, 101
Torta de cordeiro com batata, 70
tortas
Quiche Lorraine, 50
Torta de amêndoas, 182
Torta de black treacle, 167
Torta de carne inglesa, 58
Torta de cebola, 78
Torta de chocolate, 126
Torta de cordeiro com batata, 70
Torta de frango, 66
Torta de limão-siciliano, 138
Torta de maçã, 143
Torta de peixe, 112

uvas-passas
Bolo de cenoura, 160
Cookies de aveia com uva-passa, 181
Pudim de pão e manteiga, 150

vagem
Frango ao curry verde tailandês, 86
Nasi goreng, 96
Paella, 119
Salada niçoise, 28
Valor Diário de Referência (VDR), 10
Victoria sandwich (bolo de pão de ló com
recheio de geleia), 178

Dedico este livro a Elizabeth, Emily e Megan. Espero que ele as inspire tanto quanto elas me inspiraram.

Agradecimentos

Um enorme agradecimento a todos os meus amigos, "os degustadores", que deram suas opiniões imparciais quando provaram essas receitas comigo. Sou grata por todos os seus comentários. Estou em dívida com a nutricionista Kerry Torrens, que deu apoio e conselhos de nutrição inestimáveis. Ela também avaliou as novas receitas para este livro e calculou todos os "alertas saudáveis". Obrigada, Kerry – não teria conseguido sem você. Obrigada também às nutricionistas Wendy Doyle e Fiona Hunter, cujos conhecimentos valorizei muito enquanto trabalhava nas receitas originais para a revista *Good Food* da BBC. Gostaria também de agradecer à equipe editorial da *Good Food*, principalmente à editora da revista, Gillian Carter, que apoiou minhas ideias para este livro e continua a incentivar um consumo alimentar mais saudável na revista. E, por fim, muito obrigada ao Octopus Publishing Group por ter concordado em publicar este livro e ao grupo editorial e de design por fazê-lo parecer tão gostoso quanto de fato é.

Créditos fotográficos

Lara Holmes, pp. 37, 155; Gareth Morgans, p. 71; Stuart Ovenden, p. 183; Lis Parsons, pp. 67, 69, 81, 177, 207; Philip Webb, pp. 139 (torta finalizada), 211; Simon Wheeler, pp. 25, 47, 51, 123, 191; e David Munns, no restante das fotos.

Estilismo fotográfico gastronômico

Lizzie Harris, pp. 37, 211; Jane Hornby, pp. 139 (torta finalizada), 183; Jennifer Joyce, p. 155; Lucy O'Reilly, p. 61; e Angela Nilsen, no restante das fotos.

ADMINISTRAÇÃO REGIONAL DO SENAC NO ESTADO DE SÃO PAULO
Presidente do Conselho Regional: Abram Szajman
Diretor do Departamento Regional: Luiz Francisco de A. Salgado
Superintendente Universitário e de Desenvolvimento: Luiz Carlos Dourado

EDITORA SENAC SÃO PAULO
Conselho Editorial: Luiz Francisco de A. Salgado
Luiz Carlos Dourado
Darcio Sayad Maia
Lucila Mara Sbrana Sciotti
Jeane Passos de Souza

Gerente/Publisher: Jeane Passos de Souza (jpassos@sp.senac.br)
Coordenação Editorial: Márcia Cavalheiro Rodrigues de Almeida (mcavalhe@sp.senac.br)
Comercial: Marcelo Nogueira da Silva (marcelo.nsilva@sp.senac.br)
Administrativo: Luís Américo Tousi Botelho (luis.tbotelho@sp.senac.br)

Edição de Texto: Rafael Barcellos Machado
Preparação de Texto: Patricia B. Almeida
Revisão de Texto: Bianca Rocha, Gabriela Lopes Adami (coord.)
Diretora de Arte: Yasia Williams-Leedham
Designer: Jaz Bahra
Editoração Eletrônica: Antonio Carlos De Angelis
Impresso na China

Publicado pela primeira vez na Grã-Bretanha em 2014 sob o título *Make it Lighter* por Hamlyn, uma editora pertencente ao grupo Octopus Publishing Group Ltd
Carmelite House
50 Victoria Embankment – EC4Y ODZ
Copyright © 2014 Octopus Publishing Group Ltd
Copyright do Texto © 2014 Angela Nilsen
A autora tem assegurado seus direitos morais.
Todos os direitos reservados.

Proibida a reprodução sem autorização expressa.
Todos os direitos desta edição reservados à
EDITORA SENAC SÃO PAULO
Rua 24 de Maio, 208 – 3º andar – Centro – CEP 01041-000
Caixa Postal 1120 – CEP 01032-970 – São Paulo – SP
Tel. (11) 2187-4450 – Fax (11) 2187-4486
E-mail: editora@sp.senac.br
Home page: http://www.editorasenacsp.com.br

© Edição brasileira: Editora Senac São Paulo, 2015

Dados Internacionais de Catalogação na Publicação (CIP)
(Jeane Passos de Souza – CRB 8ª/6189)

Nilsen, Angela
Coma sem culpa : versões mais saudáveis de suas receitas favoritas: todo o sabor – nenhum peso na consciência / Angela Nilsen; tradução de Fernanda Castro Bulle. – São Paulo: Editora Senac São Paulo, 2015.

Título original: Make it lighter
ISBN 978-85-396-0890-4

1. Culinária 2. Nutrição e dietética (receitas e preparo) 3. Alimentação saudável I. Bulle, Fernanda Castro II. Título.

	CDD-641.563
	613.2
	BISAC CKB023000
15-334s	CKB026000

Índice para catálogo sistemático:
1. Culinária (receitas e preparo) : Alimentação saudável   641.5